L'Art évolutif
DU DESSIN

ROBERT DAVIES

Le catalogue complet de l'éditeur est désormais consultable sur l'Internet,
via notre site: http://www.rdppub.com
Courrier électronique: rdppub@vir.com

Joanna Nash

L'Art évolutif DU DESSIN

Traduit par Madeleine Hébert

ÉDITIONS ROBERT DAVIES
MONTRÉAL–TORONTO–PARIS

Titre original : *Learning to Draw, Drawing to Learn*
(Robert Davies Publishing)
© 1995 Joanna Nash
© 1996 Éditions Robert·Davies pour la version française
ISBN 2-89462-006-3

Illustration de couverture :
Joanna Nash, *Jeune femme*, crayon graphite, 1992
Maquette : Mary Hughson

DIFFUSION

Canada
Dimédia : 539, boulevard Lebeau,
Saint- Laurent (Québec) H4N 1S2
☎514-336-3941/▤ 331- 3916

France
C.E.D. Diffusion : 73, quai Auguste-Deshaies
94854 Ivry-sur-Seine
☎1-46-58-38-40/▤ 46-71-25-59

Suisse
Diffulivre : 39-41, rue des Jordils,
1025 Saint-Sulpice
☎21-691-5331/▤ 691- 5330

Belgique
Vander Diffusion : 321, ave. des Volontaires
B-1150 Bruxelles
☎ 322.762.98.04 / ▤ 322.762.06.62

L'éditeur remercie le Conseil des Arts du Canada et le ministère de la Culture du Québec
pour leurs programmes de soutien à l édition.

Dépôt légal 3e trimestre 1996, Bibliothèques nationales
du Québec, du Canada, de Paris et de Bruxelles

TABLE

REMERCIEMENTS

Ce livre est un peu comme un dessin retravaillé. Il contient des éléments de mon premier livre, *J'apprends à dessiner : l'art pratique du portrait,* et des éléments nouveaux, illustrations et explications. Durant les années qui se sont écoulées entre les deux livres, j'ai approfondi ma compréhension des moyens et du sens du dessin. Je désire, dans ce nouvel ouvrage, faire part de mon expérience d'artiste et de professeur à ceux qui s'intéressent au dessin et qui ont le goût d'apprendre.

Je veux remercier plusieurs personnes qui m'ont accompagnée et aidée dans mon périple d'artiste : mes étudiants, d'abord, et aussi Bernard Chaet et G. Tondino, deux artistes avec qui j'ai eu le privilège de travailler et qui m'ont servi de modèles pour mon enseignement. Je désire également exprimer ma reconnaissance à Kay Aubanel, une amie, artiste et professeur avec qui j'ai beaucoup discuté d'art. Finalement, je présente tous mes remerciements à Sigrun Schroeter, qui a évalué avec sensibilité mon texte, et à Mary Hughson, qui a conçu la maquette de ce livre.

Joanna Nash

INTRODUCTION

Fig. 0-1 Oskar Kokoschka *Jeune fille (Ruth Landshoff)* lithographie 1922

On décrit souvent le dessin comme le procédé graphique le plus immédiat. La simplicité des moyens qu'il requiert permet un rapport instantané entre l'émotion et l'action. La vitesse n'est toutefois pas obligatoire mais plutôt une possibilité à explorer. Le dessin peut n'être qu'un simple croquis à la ligne ou, encore, une composition complexe réalisée avec plusieurs médiums. Son support peut être le papier, le bois, le sable, le tissu, etc. De plus, il peut s'agir d'empreintes sèches ou mouillées sur une surface lisse, de textures gravées dans une surface dure ou, même, de tatouages sur la peau. En effet, il est impossible de définir le dessin de façon restreinte, car ses possibilités sont innombrables.

Pour ce livre, je devais faire un choix entre deux approches : soit couvrir tout le sujet de façon superficielle, soit approfondir un aspect du dessin. J'ai préféré la seconde et je consacre donc cet ouvrage au dessin du visage avec un matériel de base. Je considère le dessin comme un procédé plutôt que comme une technique, puisqu'il a le pouvoir d'engendrer un échange entre le dessinateur, le modèle, l'oeuvre et le spectateur. Il établit des rapports entre l'artiste et le sujet du dessin, il permet une communication avec le spectateur, il relie les émotions aux idées et, enfin, il donne une forme concrète aux créations de l'imagination. En plus d'être un processus complexe, le dessin est l'entreprise de toute une vie, se développant et se modifiant avec l'artiste qu'il transforme profondément. Enfin, le dessin peut être à la fois descriptif, interprétatif, concret, insaisissable, subtil et puissant.

Pour moi, la pratique et l'enseignement du dessin constituent une expérience intégrée, dans laquelle la communication et l'apprentissage ne font qu'un. Donc, il y a des jours où mes élèves apprennent et d'autres où c'est moi qui apprend. On me demande souvent si cela m'ennuie de répéter toujours les mêmes choses, mais je sais par expérience qu'on ne se répète jamais de la même manière, si on perçoit le dessin et la vie comme des processus en évolution constante.

Pendant que mon enseignement se modifie, mon savoir s'approfondit. Et la répétition des notions fondamentales me fournit une base pour ma vie et mon art. Lorsque j'arrête de dessiner, je perds un sens de mon utilité et quand j'arrête d'enseigner, je perds un moyen de communication; ces deux expériences sont toujours très enrichissantes pour moi. À la question «Pouvez-vous m'apprendre à dessiner?» d'un élève, je réponds toujours en lui demandant quel est son métier. S'il me dit qu'il est chef cuisinier, je lui demande s'il peut m'apprendre à cuisiner. «Bien sûr, répond-il. Il suffit d'avoir de bons instruments, quelques recettes et le désir d'apprendre.» Mais quand je demande s'il peut faire de moi un grand chef, la réponse est habituellement négative. Ainsi, l'élève répond lui-même à sa question. C'est une leçon en soi de découvrir qu'on connaît déjà la réponse...

Si des élèves me demandent quoi et quand dessiner, je réponds habituellement que tout ce qui les intéresse peut constituer un bon sujet, et qu'ils peuvent dessiner n'importe quand, pourvu que ce soit dans le présent. Je veux qu'ils soient spontanés et qu'ils comprennent que le dessin offre la possibilité de réagir à l'instant présent, cette minuscule portion de temps et de possibilité juste à portée de main mais si difficile à saisir.

Mon chat Cecil saisit beaucoup mieux l'instant présent que moi. Il vit chaque moment complètement, comme le plaisir de se faire lécher par un autre chat ou la terreur qu'il éprouve devant l'aspirateur. Pour «Cess», il n'existe pas de moments inaperçus on non sentis; rien ne lui échappe, et son destin consiste à se servir de son instinct et de son expérience pour vivre au maximum. Les humains, par contre, sont plus rationnels que «Cess» puisque, au lieu de l'instinct, ils se servent de l'intuition, une capacité reliée à la connaissance qui provient de l'expérience, de émotions et du bon sens. Cependant, à un certain stade de l'évolution humaine, ils sont devenus des êtres divisés dont les pensées et les émotions ne sont pas toujours en harmonie. Mais en se méfiant de leur intuition (intelligence personnelle), ils se limitent et contribuons à leur aliénation. Comment peuvent-ils retrouver l'unité de leur être?

Différentes techniques visent justement l'intégration du corps, de l'âme et de l'esprit. La curiosité et la conscience de soi peuvent aider à choisir une discipline de vie. Bien sûr, lorsqu'on se lance dans la pratique du dessin, on souscrit aux objectifs et aux méthodes de cette technique. Pour un initié, la technique la plus appropriée est simple et naturelle (quoiqu'elle puisse éventuellement devenir complexe). On ne doit pas, toutefois, confondre simplicité et facilité. Ce livre présente le dessin de modèle vivant d'une manière qui inclut vos observations, vos sentiments, votre individualité et votre intuition. Vous vous en servirez pour réaliser vos dessins et pour atteindre une plus grande conscience de votre potentiel d'artiste.

COMMENT UTILISER CE LIVRE

Feuilletez tout le livre et lisez le chapitre 10. Puis revoyez chaque chapitre avant de commencer les exercices de chacun d'eux. Si vous travaillez seul, exécutez certains exercices dans un endroit public, demandez à des parents ou à des amis de poser pour vous et faites souvent des autoportraits pour les exercices longs. Il est préférable de réserver trois heures par semaine par chapitre, et du temps supplémentaire pour faire des croquis à la maison, au travail ou ailleurs.

Une autre possibilité est de rassembler un groupe de personnes pour des séances hebdomadaires de dessin de trois heures. Un groupe de trois à quinze artistes travaillant dans un espace adéquat, et dont l'un des membres se charge d'engager des modèles, d'installer les accessoires et l'éclairage, serait idéal. Les membres du groupe doivent lire chaque chapitre avant le début de la séance pour se préparer aux exercices, aux modèles et aux accessoires. On peut aussi réserver du temps pour une discussion des progrès accomplis et pour une critique mutuelle constructive. Si les membres du groupe en ont les moyens, on peut engager chaque mois des artistes-professeurs qui suivront l'évolution du travail.

Les professeurs d'art qui n'ont pas d'expérience de l'enseignement des rudiments du portrait trouveront ce livre utile pour enseigner aux débutants ou aux élèves qui ont déjà une certaine expérience du dessin. Le livre propose douze cours hebdomadaires comprenant onze séances en atelier et une en extérieur, et des travaux à faire chez soi. De plus, vous devrez réaliser des croquis complémentaires dans un ou deux carnets de 13 sur 20 centimètres. Enfin, une bibliographie et des lectures recommandées, à la fin du livre, vous permettrons d'approfondir votre connaissance de la technique du dessin de modèle vivant.

Chapitre 1

L'ABC DU DESSIN

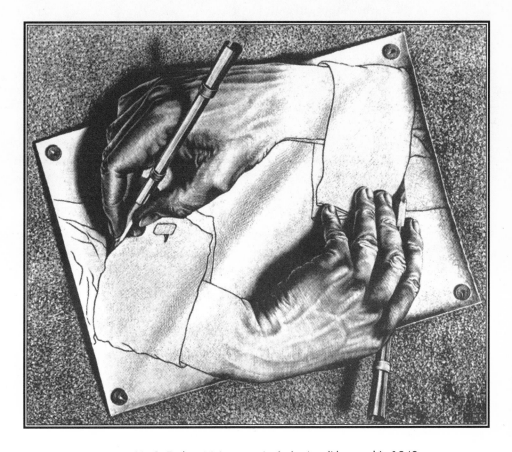

Fig. 1-1 M. C. Escher *Mains en train de dessiner* lithographie 1948

L'aspect le plus important d'un mot, c'est la façon dont on le comprend.
Publilius Syrus, Maximes.

Première partie – Le vocabulaire

Quand on travaille en groupe, il est plus pratique d'utiliser un vocabulaire simple et bien compris. Voici quelques termes de base qui se rapportent au dessin et leurs définitions.

LA LIGNE

Trait allongé qui peut être fin, épais, pâle, foncé, continu, brisé, droit, courbe, etc. et qui peut :

– représenter les contours d'un objet,

– diviser et séparer un espace en créant des limites,

– guider l'œil dans une direction et créer ainsi un mouvement,

– vibrer rythmiquement,

– se répéter en motifs,

– se rassembler en différentes configurations pour former des textures.

LA FORME

L'aspect, la masse ou le volume de quelque chose. Par exemple :

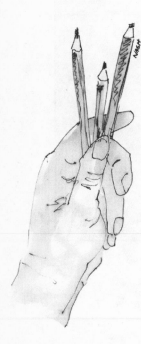

– la forme d'un œuf est ovale,

– l'aspect d'un œuf est une forme ovale,

– un œuf est une masse ovale (la masse implique une forme plus «lourde»).

Compliqué? Pas plus que l'œuf de Colomb!

L'ESPACE

Une distance ou une aire qui peut être :

– la surface entière du papier à dessin,

– la surface autour d'une forme,

– la surface qui sépare deux ou plusieurs formes,

– la surface à l'intérieur des limites d'une forme, appelée ESPACE POSITIF,

– la surface à l'extérieur des limites d'une forme, appelée ESPACE NÉGATIF.

LE FORMAT

Les proportions de la surface : un format vertical est plus haut que large et un format horizontal, plus large que haut.

LA TONALITÉ

L'intensité des ombres grises dans les dessins en noir et blanc. Les gradations de tons s'appellent des VALEURS et forment une gamme du blanc vers le noir. Une gamme de tons à cinq valeurs serait : blanc – gris clair – gris moyen – gris foncé – noir. Un DESSIN EN DEMI-TONS est habituellement constitué de valeurs contrastantes de gris et d'un minimum de lignes.

LA TEXTURE

L'aspect tactile d'un dessin, c'est-à-dire le grain lisse ou texturé d'une surface.

LES ÉLÉMENTS FORMELS D'UN DESSIN

Les formes, lignes, espaces et textures qui constituent les composantes visuelles.

LE CONTENU

Le sujet (personne, objet, paysage) d'un dessin.

LE DESSIN OBJECTIF

Un dessin qui résulte de l'observation des réalités environnantes.

Il n'existe pas de limites, en ce qui concerne le genre de matériel dont on peut se servir pour dessiner, et pas de règlements quant à leur utilisation ou à leur combinaison. Les moyens les moins traditionnels peuvent servir à une affirmation graphique aussi valide et puissante que celles créées à partir du répertoire conventionnel. Pour concrétiser la forme d'une idée particulière, il peut en effet être nécessaire de recourir à des moyens originaux et inhabituels. Le processus peut aussi fonctionner dans l'autre sens.

Ainsi, de nouveaux matériaux peuvent aviver la perception et stimuler l'imagination. Toutefois, il y a toujours un danger que la méthode et les moyens cantonnent la création dans un genre facile, que des médiums inhabituels constituent un substitut à une vision originale, et que, en fait, les moyens justifient la fin. – Edward Hill

Deuxième partie – Le matériel

Les éléments ci-dessous constituent le matériel de base que l'on peut se procurer dans tout bon magasin de fournitures d'artiste.

CHEVALET (facultatif mais recommandé)

Toute personne habile en menuiserie peut construire un chevalet pleine grandeur en bois, avec une barre d'appui de hauteur réglable, en s'inspirant des modèles offerts en magasin. Sinon, on peut en acheter un, en bois ou en métal, à prix raisonnable. Dessiner à un chevalet permet une meilleure mobilité et une plus grande liberté de mouvements. Si vous n'avez pas de chevalet, assoyez-vous et placez sur vos genoux une planche à dessin dont la partie supérieure sera appuyée au dossier d'une chaise devant vous.

PLANCHE À DESSIN

Il vous faut une planche solide (en contreplaqué, masonite, bois pressé ou polystyrène recouvert de carton) d'au moins 60 sur 75 cm et de 1,5 cm d'épais. Servez-vous de deux grands pince-notes pour maintenir le papier à dessin en place.

PAPIER

Utilisez du papier bond (aussi appelé papier cartouche) de 45 cm sur 60 cm pour les ébauches, les exercices, les études plus longues et le travail chez soi (il faut jusqu'à 24 feuilles pour une séance de trois heures de poses rapides). Procurez-vous des paquets de 100 à 150 feuilles, libres ou en tablettes. Si on fait un achat de groupe, on peut les obtenir au prix du gros chez un distributeur de papier. Pour les dessins plus élaborés ou ceux réalisés à la peinture ou à l'encre, prenez huit à dix feuilles de papier mayfair double épaisseur, quatre à six feuilles de papier gris moyen bon marché et six feuilles de papier manille. Tous ces papiers sont fabriqués de pulpe de bois et se détérioreront à la longue. Mais ils ne coûtent pas chers et sont tout à fait adéquats pour les débutants. À mesure que les élèves deviennent plus habiles, ils pourront se procurer du papier à PH neutre pour leurs dessins plus importants.

CARNET DE CROQUIS

Procurez-vous un carnet de 13 sur 20 cm de papier tout usage à reliure spirale.

GRAPHITE

C'est une forme de carbone appelée, à tort, mine de plomb. C'est ce qu'on retrouve habituellement dans les crayons. Toutes les sortes de graphite se conforment à la gamme suivante de mines :

Dure et pâle... 8H...6H... 4H...2H...HB...2B..43B...6B...8B...Tendre et foncée.

Ce matériau est disponible sous les formes recommandées suivantes :

CRAYON À MINE GRAPHITE

Il ressemble à un crayons épais, muni d'une gaine de bois ou de plastique. Les mines sans gaine s'utilisent dans un portemine en métal.

On peut aiguiser le graphite avec un aiguisoir à ouverture large, du papier de verre, un canif ou un couteau x-acto. Achetez un HB, un 4B et un 6B.

BÂTON DE GRAPHITE

Il va bien avec le crayon, couvre de larges surfaces et produit des textures variées. Il fait habituellement 7,5 cm de long et 0,6 cm d'épais. Achetez un 4B et un 6B, ou 8B.

FUSAIN

C'est un matériau ancien fait de bois carbonisé, généralement du saule. Il est important de se servir de fusain tendre et noir. N'achetez pas le fusain le plus mince mais plutôt six bâtons épais (carrés ou ronds) d'environ 0,6 cm de diamètre.

FUSAIN COMPRIMÉ

Plus dense et plus noir que le fusain ordinaire, il est utile pour les ombres. Achetez deux ou trois carrés d'environ 7,5 cm de long et 1,5 cm d'épais.

(CARRÉ) CONTÉ

Il ressemble au fusain, mais sa texture est plus dense et plus riche. Achetez-en deux de chacune des couleurs suivantes : noir, sanguine (orange ou brun) et blanc. Assurez-vous aussi qu'il est assez tendre (en l'essayant en magasin si possible), car celui qui est sec et égratigne facilement ne vaut rien.

CRAIE DE CIRE (Crayola)

Achetez-en une boîte de six, de couleurs différentes.

GOMME À FUSAIN

Il s'agit d'une gomme malléable de forme carrée, habituellement de 2,5 sur 2,5 cm ou plus grande, et qu'on peut pétrir, après échauffement, pour exposer les surfaces propres. Achetez-en deux.

GOMME ORDINAIRE

C'est une gomme de caoutchouc rigide, souvent rose, comme celle de marque Pearl.

VISEUR

On s'en sert dans les exercices de composition. Pour en fabriquer un, prenez un carton épais de 13 sur 15 cm et coupez-y, au centre, une ouverture de 6,5 sur 9 cm. Ou utilisez un cadre en plastique vide de diapositive 35 mm.

ESTOMPE (facultatif)

Elle a la forme d'un crayon et est faite de peau ou de papier cotonneux. Vous l'utiliserez pour adoucir ou fusionner les marques de crayon, de fusain ou de pastel sur un dessin..

COULEUR À L'EAU

Achetez un tube bon marché de gouache ou d'aquarelle, de couleur foncée.

ENCRE

Procurez-vous une petite bouteille d'encre de Chine (indélébile et permanente) de couleur foncée et munie d'un compte-gouttes.

PLUME

Il vous faudra une plume en acier, montée sur un porte-plume en bois ou en plastique. Des becs de plume de tailles et de formes diverses (variété *speedball)* sont offertes. On peut aussi utiliser une brindille ou un vieux pinceau de bois aiguisés. Achetez aussi quelques feutres indélébiles permanents de différentes largeurs.

PINCEAU

De vieux pinceaux pas trop larges (moins de 4 cm) que vous possédez déjà feront l'affaire. Les pinceaux à sumie chinois, avec manche de bambou et poils d'écureuil, ne sont pas chers et conviennent très bien (choisissez ceux qui ne perdent pas leurs poils quand on tire dessus).

AIGUISOIR

Utilisez un couteau x-acto ou du papier de verre.

CARTABLE

On peut fabriquer un cartable pour le transport du papier à dessin (de façon à ne pas le rouler) en joignant deux morceaux de carton épais de 60 sur 75 cm avec du ruban gommé. On peut brocher des poignées sur le dessus ou le fermer avec un gros pince-notes. Pour le rendre imperméable, recouvrez-le de plastique auto-adhésif à l'extérieur. Si le cartable est assez rigide, on peut aussi s'en servir comme planche à dessin (dans ce cas, omettez les poignées). Il se vend aussi des portfolios, en plastique ou en carton, dans les magasins de fournitures d'artiste.

CHIFFON

Il vous faudra des chiffons doux (coton ou autres), sans peluches, pour créer des textures et les fusionner.

DIVERS

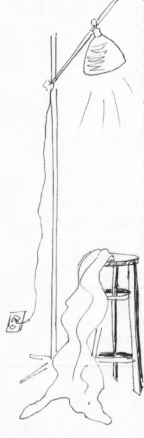

Mouchoirs de papier humides (la variété pour bébés, disponibles en pharmacie et excellents pour nettoyer les mains), brindilles aiguisées, tissu, éponges, fourchettes, peignes, bouts de bois, grattoirs, plumes, vos doigts, etc. C'est-à-dire tout ce qui peut être trempé dans l'encre ou la peinture, le but étant d'utiliser tout instrument qui peut marquer le papier de façon intéressante. Procurez-vous aussi des bocaux ou autres contenants vides pour l'eau, des plateaux en polystyrène (à glaçons, à fruits et légumes, ou à viande) comme palettes pour l'encre et la peinture, et un rouleau d'essuie-tout.

ACCESSOIRES

Une petite table et un tabouret, un ventilateur électrique, du ruban cache, des punaises, des épingles et des objets variés pour les natures mortes (demandés au chapitre 8), comme trois ou quatre chapeaux pour les modèles, des tissu à motifs, des rubans, des ballons, des foulards, des banderoles de papier crêpé, des éventails, des verres, etc.

ÉCLAIRAGE

Un spot de 75 ou 100 watts muni d'un réflecteur de métal, avec une pince ou monté sur un trépied, et une grande rallonge électrique.

Troisième partie – Les modèles

Le modèle est un élément important des séances de portrait, et on doit le traiter avec tout le respect qu'il mérite. Un bonne partie du succès d'une séance de dessin dépend de la relation de collaboration qui s'établit entre le modèle et les participants.

Choisissez donc vos modèles avec soin : fiables, s'adaptant bien à la situation et capables d'une relaxation concentrée ou d'une tension expressive. De plus, un modèle expérimenté met les dessinateurs débutants en confiance. C'est pourquoi il vaut mieux engager des professionnels, mais on peut aussi entraîner des amateurs. Soyez toujours à la recherche de nouveaux modèles intéressants à regarder.

Un bon modèle projette ses particularités et son caractère. Certains, par leur apparence, leur tempérament ou leur entraînement (acteurs, mimes, etc.), conviennent bien à des exercices spécifiques. Une fois que je connais bien un modèle, je peux planifier des exercices précis qui tiennent compte de son caractère particulier et de son physique. Parfois, l'apparence même de certains modèles suggère un approche de dessin spécifique. Certains artistes aiment dessiner des modèles très différents (jeunes, vieux, masculins, féminins, exotiques, conventionnels, etc.),

Fig. 1-2
Max Pechstein
Tête d'enfant
lithographie 1916

alors que d'autres préfèrent travailler pendant une longue période avec le même modèle ou ne réaliser que des autoportraits. N'oubliez pas que vous êtes votre modèle le plus accessible et le plus révélateur.

Lorsque vous exécutez un autoportrait, assurez-vous que vous êtes bien installé. Placez le miroir à différents angles afin de trouver la meilleure position pour dessiner. Au début, mettez le miroir et la planche à dessin à la même hauteur afin de ne pas avoir à bouger constamment la tête.

TRAVAIL CHEZ SOI

Il vous faut : un œuf et un feutre à pointe fine.

Cet exercice est une préparation pour le dessin de la tête. Tenez l'œuf à la verticale, car il représentera votre tête. Visualisez d'abord une ligne verticale imaginaire au milieu du visage, depuis le menton (en passant par le sommet de la tête) jusqu'à la nuque. Puis, avec le feutre, dessinez cette ligne sur l'œuf. Notez la façon dont la ligne s'incurve pour se conformer au volume de l'œuf. Ensuite, visualisez une ligne qui passerait sous votre nez, par-dessus vos oreilles et tout autour de votre tête. Avec le feutre, tracez cette ligne circulaire horizontale pour qu'elle coupe à angle droite la première ligne en deux parties égales. Remarquez comment la courbe de la seconde ligne souligne la rondeur de l'œuf. Enfin, imaginez qu'un bandeau enserre votre tête à la hauteur du front. Tracez cette ligne autour de la partie supérieure de l'œuf. Voir Fig. 1-3.

Maintenant, esquissez sur l'œuf des formes géométriques qui représentent les yeux, le nez et la bouche. Inclinez l'œuf à gauche et à droite et imaginez comment votre tête et vos traits font de même. Renversez aussi l'œuf vers l'avant, comme si vous regardiez vers le bas, et notez si les formes dessinées sur sa surface changent. Que se passe-t-il? Puis, basculez l'œuf comme si votre tête se penchait vers l'arrière. Qu'arrive-t-il à la forme globale au sommet de la tête et au menton? Nous discuterons plus loin des effets visuels variables appelés «raccourcis». Pour le moment, il vous suffit de les remarquer.

Fig. 1-3

MISE EN FORME
5 minutes

Quatrième partie – L'attention

Un bon dessin demande une concentration soutenue pour que l'esprit et les sens soient sur le qui-vive et réagissent constamment à l'activité et à la situation devant vous. Il n'est pas facile de maintenir cet état d'attention et, pour y arriver, il est nécessaire de posséder une technique afin de focaliser toute son attention sur le moment présent.

Secouez vigoureusement les deux mains à partir des poignets, comme pour les faire tomber, puis bougez et pliez vos doigts dans plusieurs directions. Ensuite, décrivez quelques grands cercles avec le bras à partir de l'épaule. Faites de même dans l'autre sens. Reprenez avec l'autre bras, puis arrêtez. Effectuez une lente rotation de la tête dans un mouvement circulaire du sommet de la tête vers une épaule, vers l'omoplate et vers l'autre épaule pour finir en haut. Faites ceci deux ou trois fois dans les deux sens.

Inclinez lentement la tête vers l'avant, en fléchissant légèrement les genoux et en laissant tomber les doigts vers les orteils. (Votre tête est complètement relâchée et pointe vers les pieds.) Prenez conscience de l'étirement de votre colonne vertébrale. Maintenez cette position quelques instants (genoux fléchis si nécessaire), puis déroulez lentement le dos vers le haut, en redressant la tête en dernier. Ensuite, étirez-vous en sens inverse, en plaçant les mains sur les reins et en laissant votre tête et votre cou basculer vers l'arrière. Ces mouvements visent à détendre la colonne vertébrale.

PRÉPARATION
5 minutes

Fixez une vingtaine de feuilles de papier bond sur votre planche à dessin et essayez tous vos médiums secs : crayon à mine graphite, fusain, fusain comprimé, conté et craie de cire. Sur une page, dessinez des ovales, avec un mouvement qui prend sa source à l'épaule. Plutôt que de tracer un seul contour précis, superposez-en plusieurs d'un trait léger, qui deviendra plus appuyé quand la forme approchera de la perfection. Notez la pression que vous exercez sur le papier en dessinant. Vous êtes responsable de l'intensité des marques : lorsque vous êtes incertain, esquissez légèrement et, quand vous êtes sûr, appuyez plus fort. Tracez des ovales sur les différentes parties de la feuille et répétez le contour jusqu'à la perfection de la forme. Modifiez la forme des ovales (plus ronds, plus plats, etc.) et la direction de leur inclinaison.

Si vous sentez une tension dans les épaules, arrêtez de dessiner et faites quelques rotations des bras. Vérifiez la hauteur de la barre d'appui horizontale de votre chevalet. Pour éviter d'avoir à étirer les bras trop haut, ajustez-la pour que vos yeux soient au niveau du milieu de la planche à dessin. Quand vous travaillez dans la partie inférieure ou supérieure du dessin, changez la hauteur de la barre. Prenez une nouvelle page lorsque la première est remplie d'ovales et refaites le même exercice avec des cercles, toujours avec un mouvement commençant à l'épaule.

Essayez différentes façons de tenir votre crayon pour trouver celle qui vous convient le mieux, ferme mais détendue. Pendant que vous faites des cercles de toutes tailles en variant la pression sur le papier, ayez confiance en votre habilité à dessiner. Quand une deuxième feuille est remplie, détachez-la et laissez-la tomber sur le sol. Vous mettrez de l'ordre durant la pause.

La mise en forme et la préparation prennent dix minutes ou plus, si nécessaire. Si vous n'arrivez pas à vous détendre en dessinant, reprenez-les du début. Ainsi, vous aurez une meilleure séance de dessin. Pour ne pas se fatiguer les yeux, il faut avoir un bon éclairage et éviter la tension et le surmenage. Certains élèves éprouvent de la difficulté à passer du modèle, au loin, à la feuille, devant eux; il leur faut peut-être des lunettes bifocales. Si vous voyez mal, approchez-vous du modèle et restez détendu et attentif pendant que vous dessinez. Une bonne préparation et une bonne organisation seront vos meilleurs atouts.

Chapitre 2
TÊTE D'ŒUF OU CONSTRUITE

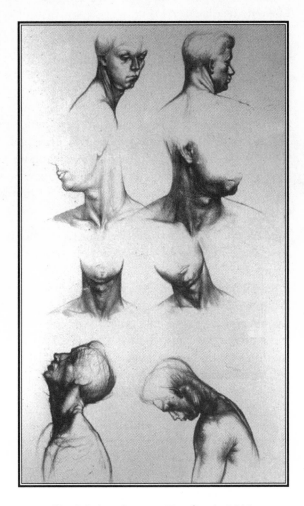

Fig. 2-1 Jeno Bârcsay *Têtes* fusain 1942

Chaque profil est la preuve externe d'une masse interne; chacun constitue la surface perceptible d'une coupe en profondeur, comme les tranches d'un melon. Donc, si on reproduit fidèlement ces profils, la réalité du modèle, au lieu d'être une reproduction superficielle, semble émaner de l'intérieur. C'est de cela que découlent la solidité de l'ensemble, l'exactitude de la planification et la vie réelle d'une oeuvre d'art. – Auguste Rodin

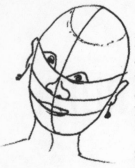

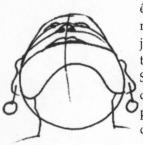

Pour cette séance, engagez un modèle aux cheveux longs, avec une raie au milieu, du sommet de la tête jusqu'à la nuque (coiffure idéale : deux tresses relevées). Demandez au modèle de porter des vêtements qui découvrent le cou et le dessus des épaules ou de poser la poitrine nue. Disposez les chaises et les chevalets en cercle autour du modèle à 1 ou 1,5 mètre de distance.

Si vous êtes droitier, placez votre chevalet et votre épaule gauche en angle, à la droite du modèle (et de l'autre côté pour les gauchers). Rien ne doit obstruer votre champ de vision. Le centre de votre feuille doit être juste au-dessous de vos yeux, et vous devez vous placer à un peu moins d'une longueur de bras du chevalet. Ainsi vous verrez le modèle juste à gauche du papier, et cela vous permettra, sans tourner la tête, de transférer votre regard rapidement et facilement du modèle au dessin. Sinon, votre tête et votre cou seront aussi fatigués à la fin de la séance qu'après avoir regardé un long match de ping-pong. Le confort physique est primordial pour bien travailler durant une longue séance de dessin.

Pendant que le modèle pose, changez rapidement de feuilles; lorsqu'une est terminée, rabattez-la au-dessus du chevalet ou dégagez-la du pince-notes et laissez-la tomber sur le sol. Durant les pauses, on peut ranger les feuilles utilisées ou les reprendre pour dessiner au verso. Après quelques heures, vous vous habituerez à ce rythme rapide et vous adapterez vos méthodes de travail en conséquence. Une autre bonne habitude consiste à reculer de 30 cm environ à toutes les quatre ou cinq minutes pour regarder votre dessin de loin et mieux juger des proportions.

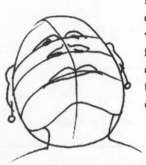

Les exercices qui suivent amènent une intégration progressive de certains éléments. Il est important de les exécuter avec régularité et vigueur (sauf avis contraire). La vitesse ne nuit pas à votre travail. En fait, elle vous aide plutôt à augmenter votre attention et votre esprit de décision. On peut aussi exécuter tous ces exercices sans modèle, en travaillant dans un endroit public très fréquenté (voir chapitre 10 avant de commencer).

Fig. 2-2

EXERCICE 1
5 minutes

Il vous faut : crayon à mine graphite ou conté et papier bond.

Préparez l'atelier, présentez le modèle au groupe et demandez-lui de prendre des poses de dix secondes chacune, en gardant la tête droite. En outre, le modèle doit se tourner de quelques degrés après chaque pose pour que chacun puisse dessiner tous les côtés.

Assimilez dans votre esprit la tête du modèle à l'œuf que vous avez examiné à la maison. Ne vous laissez pas distraire et concentrez-vous sur le dessin des formes ovales qui se modifient avec les changements de position du modèle. Tenez votre crayon d'une main détendue, avec un mouvement du bras qui prend sa source à l'épaule. Certaines personnes posent le bord de la main ou l'auriculaire sur le papier pendant qu'ils dessinent, même si cela risque de salir ou d'effacer le dessin. Faites des essais, par exemple, trois ou quatre croquis par page réalisés avec des marques légères superposés et aussi grands que le permettent des mouvements de bras détendus.

> *Pour qu'on puisse dessiner tous les côtés, le modèle doit se tourner de quelques degrés après chaque pose.*

EXERCICE 2
10 minutes

Il vous faut : crayon à mine graphite ou conté et papier bond.

Demandez au modèle de prendre des poses semblables pendant 15 secondes chacune, en inclinant la tête de temps en temps à gauche et à droite, mais jamais en avant ou en arrière. Puis, en plus de dessiner la forme ovale de la tête, ajoutez la ligne imaginaire allant du sommet à la base, comme vous l'avez fait avec l'œuf. Tracez cette ligne en passant entre les deux yeux, sur le nez, et au milieu des lèvres et du menton. Si vous voyez le derrière de la tête, dessinez la raie médiane des cheveux du sommet de la tête jusqu'à la nuque. De profil, esquissez cette ligne le long du côté du visage, juste devant le nez. Rappelez-vous les lignes courbes dessinées sur l'œuf, qui représente le volume de la tête. Notez que lorsque le modèle incline la tête à gauche ou à droite, la ligne centrale fait de même. Voir Fig. 2-3.

PAUSE
5 minutes

Donnez un repos de cinq minutes au modèle. Profitez de ce moment pour retourner vos feuilles afin de dessiner au verso.

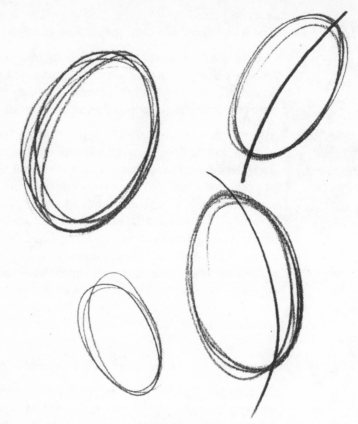

Fig. 2-3

EXERCICE 3

10 minutes

Il vous faut : crayon à mine graphite ou conté et papier bond.

Première partie – 5 minutes

Demandez au modèle de prendre des poses semblables de 20 secondes. Continuez à esquisser la forme ovale de la tête et la ligne séparant la partie avant ou arrière, mais en continuant cette ligne le long du milieu du cou pour que la tête semble reposer sur une tige. Dessinez un trait courbe continu qui commence au sommet de la tête, descend au milieu du visage et contourne le menton jusqu'à la base du cou. Cette ligne doit suivre la colonne vertébrale du modèle, c'est-à-dire à l'intérieur et au centre du cou. Esquissez-la légèrement et rapidement plusieurs fois pour atteindre la perfection. Sentez la courbe en la dessinant et exagérez-la si nécessaire.

Le volume de la tête est soutenu par cette ligne flexible, comme une fleur par sa tige. Le cou, tout comme la tige de la fleur, supporte un poids et a la capacité de se plier. Vue de l'arrière, cette ligne passe sous la base du crâne et dans le cou. Voir Fig. 2-4.

Fig. 2-4

Deuxième partie – 5 minutes

Demandez au modèle de prendre dix poses de 30 secondes en alternant une inclinaison de la tête en avant et en arrière, pour illustrer les effets de raccourci. Le dessin en perspective implique la représentation d'éléments en trois dimensions sur une surface en deux dimensions (la feuille). Pendant que le modèle incline la tête en avant ou en arrière, notez en particulier le raccourcissement et l'allongement de l'ovale, le changement de proportions entre les traits et les modifications de la largeur du front et du menton. L'effet de raccourci semble rapprocher ou éloigner deux traits, par rapport à leur position «normale» quand ils sont juxtaposés. Dessinez ce que vous percevez, et non ce que vous croyez être normal. Vous maîtriserez mieux la technique du raccourci quand vous aurez appris à mesurer (exercice 3, chapitre 4). Faites donc confiance à votre oeil et dessinez ce qu'il voit.

EXERCICE 4
10 minutes

Il vous faut : crayon à mine graphite ou conté et papier bond.

Demandez au modèle d'allonger la durée des poses du même genre à 45 secondes et continuez à dessiner la tête (œuf) et le cou (tige). On peut représenter le cou comme un cylindre supportant la tête, en forme d'œuf. Pendant les premiers instants, observez les contours externes du cou, de chaque côté de la tige centrale. Quand vous dessinez, gardez à l'esprit la manière dont ils se rattachent à la tête.

Notez comment le cou change de forme à chaque nouvelle pose et à quel point ses deux côtés sont souvent différents. L'un peut être incurvé et l'autre droit, ou l'un raccourcit alors que l'autre s'allonge. Vous dessinez maintenant la tête, la tige et les contours extérieurs du cou en 45 secondes. Peu importe si vos croquis sont un peu embrouillés.

Durant les quelques poses suivantes, ajoutez les oreilles et la mâchoire. Représentez les oreilles comme des cercles ou des ovales qui se trouvent environ à égale distance du sommet du crâne et du bas du menton. Passez le bout des doigts sous le lobe de votre oreille gauche et touchez le point de départ de la mâchoire. Puis suivez la courbe de celle-ci jusqu'au menton. Notez le genre de votre menton : pointu, rond, plat, etc. Enfin, continuez votre parcours jusqu'à l'oreille droite. Voilà la ligne que nous dessinerons ensuite.
Voir Fig. 2-5.

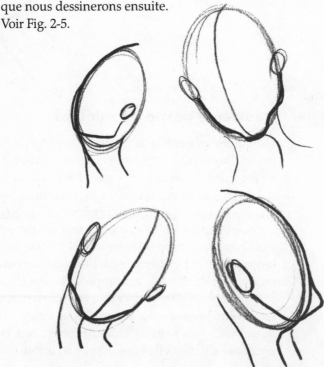

Fig. 2-5

EXERCICE 5
15 minutes

Il vous faut : conté, craie de cire de couleur vive et papier bond.

Demandez au modèle de prendre quinze poses d'une minute, avec une rotation après chacune. Pendant les 30 premières secondes de la pose, esquissez la tête ovale, la ligne centrale menant à l'intérieur de la tige du cou, les contours cylindriques du cou et les oreilles. Ensuite, utilisez la craie de cire pour superposer la ligne qui définit la mâchoire. Celle-ci commence sous l'oreille et suit le contour de la mâchoire jusqu'à ce qu'elle disparaisse. Si vous avez une vue arrière du modèle, tracez plutôt la ligne des cheveux à la base du crâne. Si vous le voyez de profil, ne dessinez la ligne de la mâchoire que jusqu'à sa courbure. Cette ligne colorée révélera le genre de mâchoire qu'a le modèle. Est-elle ferme et angulaire, ou douce et arrondie?

Plus vous approfondissez votre observation, plus l'information s'accumule, et il est utile de montrer les modifications à vos lignes de départ à mesure que votre interprétation s'affine. Ces premières lignes à peine esquissées demeurent visibles sous celles, plus précises, que vous avez ajoutées par dessus. Ces changements confèrent du style à votre croquis, ne vous en inquiétez donc pas.

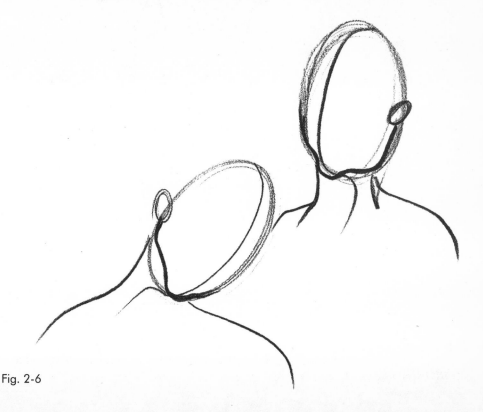

Fig. 2-6

EXERCICE 6
10 minutes

Il vous faut : crayon à mine graphite ou conté et papier bond.

Demandez au modèle de prendre cinq poses de deux minutes. Pendant la première minute, esquissez la tête et tous les éléments précédents, y compris les oreilles et la forme de la mâchoire. Utilisez la deuxième minute pour observer les contours du cou et noter comment il se rattache au torse. La base cylindrique du cou s'élargit progressivement et s'incurve le long du muscle trapèze vers la courbe des épaules. Les contours du cou ne se terminent pas brusquement aux épaules, mais fusionnent plutôt avec une ligne qui mène au haut du torse et aux bras. Voir Fig. 2-6.

Fig. 2-7

PAUSE
15 minutes

Arrangez vos feuilles, étirez-vous et détendez le cou et le bras.

EXERCICE 7
20 minutes

Si les participants sont nombreux, disposez-les en deux demi-cercles concentriques.

Il vous faut : crayon à mine graphite et papier bond.

Le but des deux prochains exercices est de découvrir la structure géométrique interne de la tête et du cou et d'approfondir votre compréhension de la structure et des proportions.

Faites asseoir le modèle dans une pose confortable en lui disant que la même pose sera reprise ensuite, après une courte pause. Tous doivent se placer pour voir le visage du modèle. Si nécessaire, disposez les participants en deux demi-cercles concentriques, ceux avec les chevalets à l'extérieur et ceux avec les chaises à l'intérieur.

Commencez par dessiner un grand nez de 5 à 7 cm au milieu de la feuille et interprétez-le comme une forme triangulaire simple, tout en notant les proportions de la largeur à la base par rapport à la hauteur. Puis esquissez vers l'extérieur à partir du nez, en indiquant toutes les formes et les espaces que vous rencontrez. Dessinez-les comme des formes géométriques. Faites de même pour le cou et les épaules, en les exprimant sous forme de cercles, d'ovales, de rectangles, de trapèzes, de triangles, etc.

Il est important d'analyser et de dessiner les espaces entre les traits et autour d'eux afin de comprendre les proportions du visage. Il s'agit des espaces négatifs du visage humain et il faut bien les prendre en considération. Procédez en partageant le visage du modèle en grandes formes géométriques que vous subdiviserez ensuite en d'autres, plus petites (cercles dans les triangles, carrés dans les ovales, etc.). À la fin, la tête, le cou et les épaules seront divisés en différentes formes géométriques, donnant au modèle l'aspect d'un robot. Voir Fig. 2-7. Conservez ce dessin sur votre planche, car vous le retravaillerez après la pause.

PAUSE
5 minutes

Cela donne au modèle le temps de se détendre pendant que vous regardez les dessins des autres participants.

L'avantage de dessiner en groupe c'est qu'on peutapprendre en observant le travail des autres. Ne cachez pas vos croquis pendant les pauses. Laissez le dernier sur le sol ou le chevalet et encouragez les autres à faire de même. Si vous constatez l'utilisation de techniques intéressantes, copiez-les. Imitez tout ce qui peut vous servir, puis cherchez d'autres sources d'inspiration. Livrez-vous à toutes les expériences possibles. Puis, avec le temps, votre propre style émergera.

Faites toutes les expériences possibles.

Selon la méthode d'essais et d'erreurs, les fautes commises par les artistes en travaillant (ou celles des autres) sont une précieuse source d'enseignement pour eux. Pour tirer profit de cette démarche vous aussi, ne dissimulez pas votre travail et laissez les autres voir vos croquis pendant que vous apprenez des leurs.

Fig. 2-8

EXERCICE 8
10 minutes

Notez l'origine des lignes et leur destination.

Il vous faut : craie de cire de couleur et croquis de l'exercice 7.

Demandez au modèle de reprendre la même pose. Avec la craie de cire, dessinez tous les plis et toutes les rides que vous voyez entre les traits du visage. Notez le point d'origine des lignes et leur destination : elles constituent des réseaux qui relient un trait du visage à l'autre. Pour vous aider à apercevoir ces lignes, demandez au modèle de sourire brièvement. Pensez à vieillir le modèle en exagérant ces réseaux. Voyez-vous les lignes entre les sourcils et celles au-dessous des yeux? Repérez-les et ajoutez-les, elles conféreront du caractère au dessin.

EXERCICE 9

20 minutes

Il vous faut : crayon à mine graphite aiguisée et papier bond.

Fermez vos yeux et sentez la surface du papier sous vos doigts en les déplaçant.

Première partie – 5 minutes

Les yeux fermés, avec votre main libre qui tient la planche à dessin, esquissez des lignes au hasard sur la feuille, tout en sentant la surface du papier. Variez la pression de vos lignes et maintenez un rythme lent. Faites ceci chaque fois que vous voulez ressentir l'aspect physique du dessin ou quand vous avez besoin de focaliser votre attention sur l'instant présent. Puis déposez votre crayon et passez lentement le bout du doigt sur votre visage, en commençant par le nez. Faites cela sans but précis, en laissant votre doigt vagabonder en un geste continu et fluide à la verticale, à l'horizontale et en diagonale. Déplacez-le sans hâte et au hasard, pour sentir le volume du paysage de votre visage.

Deuxième partie – 15 minutes

Ceci est un exercice lent, et son but consiste à faire comprendre aux élèves la surface sculptée du visage. Il faut du temps pour développer une sensibilité visuelle. Prenez donc le temps nécessaire pour observer, comprendre et dessiner.

Fig. 2-9

Demandez au modèle de prendre une pose confortable. Vous vous servirez du bout pointu d'un crayon pour tracer sur le papier, un peu comme un insecte parcourant les collines et les vallées du visage du modèle. Si vous avez de la difficulté à travailler aussi lentement, continuez d'essayer. Il est indispensable de pouvoir s'adapter au rythme de votre travail. Dessinez rapidement quand la situation l'exige et lentement si nécessaire, car il faut du temps pour observer les détails.

Si vous êtes confus, arrêtez, fermez les yeux et focalisez vos pensées et vos actions avant de continuer.

Durant les exercices, il est essentiel de garder à l'esprit leur but. Il est facile d'être distrait et de perdre de vue son objectif. Si vous êtes confus, arrêtez, fermez les yeux et sentez votre main toucher le papier. Focalisez vos pensées et vos actions pour renouveler le contact «momentané» avec votre dessin. Puis ouvrez les yeux et continuez de dessiner. Le dessin complété devrait ressembler au réseau de fines craquelures qui se trouvent sur la surface d'un œuf. Voir Fig. 2-9.

PAUSE
5 minutes

Circulez dans le studio et regardez les dessins des autres.

Fig. 2-10
Umberto Boccioni
La mère de l'artiste
craie et aquarelle
1915-1916

EXERCICE 10
15 à 30 minutes

(selon le temps disponible)

Il vous faut : crayon à mine graphite ou conté et papier bond.

Demandez au modèle de prendre une pose confortable, avec la tête inclinée un peu vers l'avant (en train de lire, par exemple). Esquissez légèrement des lignes de base pour définir le cou et la tête en vous servant des méthodes apprises dans les exercices précédents. Ces lignes doivent être pâles, assez pour qu'on les voie mais sans déranger. Vous pouvez aussi les modifier ou en ajouter d'autres par la suite.

Vous observez le même modèle depuis maintenant près de trois heures. Pendant cette dernière pose, arrêtez-vous pour penser à la personne que vousêtes en train de dessiner. Créez une personnalité dans votre dessin; interprétez et exprimez librement un aspect intéressant de cet individu. Il n'est pas nécessaire d'éprouver de la sympathie ou de l'antipathie envers le modèle, mais plutôt une certaine empathie «branchée».

TRAVAIL CHEZ SOI
15 minutes
(ou plus)

Lisez le chapitre 10, puis allez dans un endroit public très fréquenté, où il y a beaucoup d'activité. Faites-y des croquis de têtes en forme d'œuf en notant les mouvements de la tête, du cou et des épaules. Étudiez la façon dont les cheveux et un chapeau modifient la forme de la tête et ajoutez cette information au sommet de «l'œuf». Travaillez vite, avec un minimum de détails, et concentrez-vous sur les masses géométriques de base. Dès que vous aurez brisé la glace en dessinant en public, cela deviendra pour vous une activité naturelle.

Fig 2-11
Lucian Freud
Mère et enfant
encre sur papier brun
1949

Fig. 2-12 Joanna Nash *Croquis de Stephen Barry* crayon 1988

CHAPITRE 3
LE NEZ ET LA PERSONNALITÉ

Fig. 3-1 Leonard Baskin *Fuseli* encre 1968

Demandez à Raphaël et au Titien de dessiner le même nez, et leurs dessins seront complètement différents. Vous ne voyez pas avec mes yeux, et je ne vois pas avec les vôtres! Laissons chacun voir avec les siens et respectons sa tentative de rendre ce qu'il voit. – William Morris Hunt

PRÉPARATION **Première partie**

5 minutes

Préparez-vous pour cette séance en exécutant la mise en forme du chapitre 1. Puis tracez une longue série de lignes horizontales sur une feuille vierge de papier bond avec la pointe de chacun des médiums suivants : carré et crayon de graphite, conté, fusain normal et comprimé, craie de cire. Commencez les lignes à gauche presque sans peser, puis augmentez la pression en vous déplaçant vers la droite, avec une pression maximum pour terminer. Vous exposerez ainsi sur le papier la gamme des tons de chaque médium. Notez la grande différence de tons obtenus dans chaque cas. Ensuite, répétez ces lignes en utilisant le côté des médiums. La pression de la main détermine le degré d'intensité de la marque sur le papier, et chaque médium a sa propre gamme de tons. Nous approfondirons les tons au chapitre 7. Voir Fig. 3-2.

Fig. 3-2

Considérez maintenant la manière dont vous tenez votre instrument de dessin... trop serré ou mollement? Ajustez votre main jusqu'à ce que vous le teniez de façon ferme mais détendue. Si vous y mettez trop de force, vous manquerez les subtilités des lignes, alors que trop de passivité entraînera un manque de conviction.

EXERCICE 1
10 minutes

Deuxième partie

Demandez au modèle de prendre des poses de 30 secondes pendant dix minutes et, comme révision, reprenez l'exercice 4 du chapitre 2.

LOCALISEZ VOTRE NEZ

En vous servant de l'index et du pouce, mesurez la distance depuis la racine des cheveux (front) jusqu'au bout (lobe) de votre nez. Comparez celle-ci avec la distance du bout de votre nez jusqu'au bas de votre menton. Est-ce presque pareil ou très différent? Établissez le rapport entre les deux. Puis imaginez une ligne droite reliant la racine (haut) de votre nez jusqu'au dessus de votre oreille. Du bout des doigts, touchez lentement ce trajet passant sur votre oeil et votre tempe.

Puis touchez la cloison de votre nez, entre les narines, et dirigez-vous vers le bas de votre oreille. Prenez conscience que votre visage a un volume, et que les lignes imaginaires tracées par vos doigts sont courbées comme celles que vous avez tracées sur l'oeuf. Nous dessinerons ces lignes dans l'exercice suivant.

EXERCICE 2
5 minutes

Il vous faut : crayon à mine graphite ou conté et papier bond, puis une craie de cire de couleur vive. Disposez les chevalets en cercle autour du modèle, tel qu'indiqué au chapitre 2. Le but de cet exercice est de localiser la position générale du nez, et non de le dessiner en détail.

Demandez au modèle de prendre dix poses de 30 secondes, avec une légère rotation après chaque pause. Comme dans l'exercice précédent, esquissez rapidement et légèrement la tête ovale et ses composantes, y compris les oreilles, le cou et les épaules. Puis ajoutez un nouvel élément : avec une craie de cire, superposez les lignes imaginaires allant du sommet de la tête à la racine du nez, et du bas de l'oreille au bas du nez (et même plus loin de l'autre côté si vous voyez cette partie du visage du modèle). Ensuite, dessinez rapidement un cercle ou un triangle au milieu de ces lignes pour indiquer l'emplacement approximatif du nez, sans toutefois encore en tracer le contour. Voir Fig. 3-3.

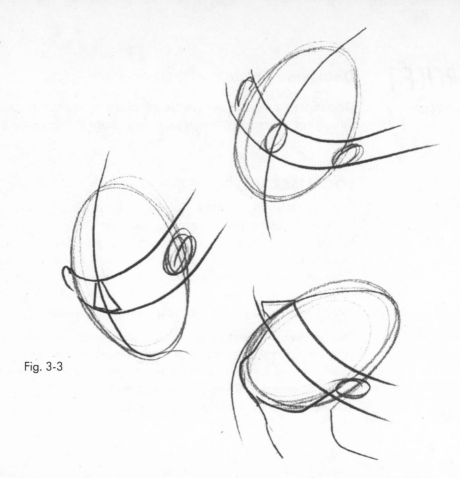

Fig. 3-3

EXERCICE 3

10 minutes

Dessinez les modifications sur le dessin sans effacer, pour montrer l'évolution du dessin.

Il vous faut : crayon à mine graphite ou conté et papier bond.

Demandez au modèle de prendre trois poses de trois minutes et reprenez l'exercice précédent, mais plus lentement et plus soigneusement. Pendant la première minute de chaque pose, dessinez les diverses composantes du visage, en incluant le cercle ou triangle qui indique la forme et l'emplacement du nez. Ajoutez la ligne allant du haut de l'oreille à la racine du nez (et plus loin, si possible).

Sentez cette ligne pendant qu'elle se déplace sur le paysage du visage, grimpe sur la pommette, passe sur l'oeil, gravit la pente raide du nez, traverse l'arête et descend de l'autre côté. Répétez cette sensation avec la ligne imaginaire allant du bas de l'oreille à la cloison du nez. Le résultat ressemblera à un masque posé sur le visage du modèle. Vous voudrez peut-être changer la position de votre premier dessin de nez (cercle ou triangle) après avoir esquissé les lignes. Dessinez les modifications avec de nouvelles lignes posées sur les premières et laissez-les se superposer pour montrer l'évolution du dessin.

Dans les vues de profil, il est important de définir à quel point le nez fait saillie dans le visage. Commencez par le croquis d'une tête ovale sur votre feuille, puis reculez du chevalet et regardez le modèle. Nous utiliserons la méthode qui suit pour définir la protubérance du nez. Avec un oeil fermé, alignez votre crayon le long de la ligne à angle allant de la racine jusqu'au bout du nez. Esquissez ensuite cette ligne sur le côté de votre tête ovale et répétez le processus pour dessiner la ligne allant du bout du nez jusqu'au bas du menton. Ces lignes guides indiquent la protubérance du nez. Après les avoir esquissées, superposez dessus, en marques légères, la forme réelle du nez. Vous rappelez-vous les mesures de votre nez depuis la racine des cheveux jusqu'au bout du nez, et de celui-ci jusqu'au menton? Évaluez ces deux distances chez le modèle : sont-elles semblables ou différentes? Voir Fig. 3-4.

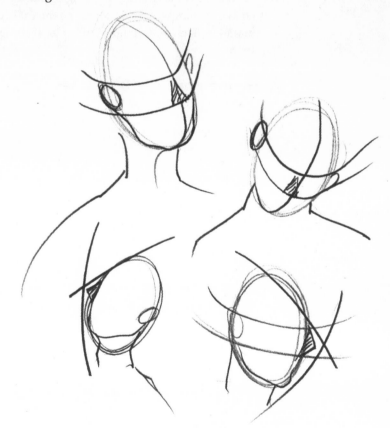

Fig. 3-4

PAUSE
5 minutes

Promenez-vous dans l'atelier et regardez les autres croquis.

Les prochains exercices requièrent une vue de face du modèle, d'aussi près que possible. Disposez les chevalets en un petit demi-cercle devant le modèle. Si nécessaire, placez une rangée à l'intérieur d'élèves assis et une autre rangée à l'extérieur d'élèves debout).

EXERCICE 4
20 minutes

Conservez ce croquis, ou le suivant, pour l'exercice 6.

Il vous faut : crayon à mine graphite ou conté et papier bond.

Première partie – 10 minutes

Conservez ce croquis ou le suivant pour le retravailler à l'exercice 6.

Demandez au modèle de prendre une pose confortable et dessinez le nez assez gros et en détail (occupant au moins un quart de la surface de votre feuille). Travaillez lentement et observez la structure du nez. Si vous en avez le temps, ombrez le nez en tenant le crayon de côté et en estompant les plans plus éloignés (pour les techniques d'ombrage, voir chapitre 6).

Deuxième partie – 10 minutes

Changez de place avec un autre élève et reprenez l'exercice, en dessinant un gros nez détaillé à partir d'un autre point de vue (de profil si le premier était de face, et vice versa).

Fig. 3-5

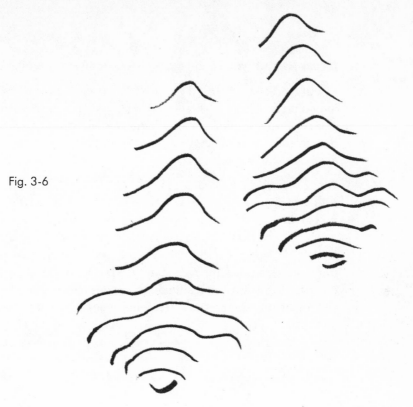

Fig. 3-6

EXERCICE 5

Faites cet exercice lentement.

Il vous faut : craie de cire de couleur vive et croquis précédent.

Imaginez que le modèle porte des lunettes à monture de métal, avec une mince tige (pont) qui chevauche la racine du nez et relie les deux verres. Avec la craie de cire, superposez cette ligne imaginaire sur le dessin de l'exercice précédent. Tracez cette ligne lentement et sentez comment elle s'incurve pour exprimer le volume du nez. Superposez une autre ligne, un peu en dessous de la première, et notez si le nez s'élargit. Courbez votre ligne en conséquence.

Continuez en dessinant une succession descendante de ces lignes et en sentant les changements de volume du nez, quand le crayon gravit le côté, traverse l'arête et s'incurve vers le bas en direction de la joue. Dans la partie inférieure du nez, indiquez aussi les courbes des narines. Voir Fig. 3-6.

PAUSE

5 minutes

Détendez-vous, circulez et regardez les dessins des autres participants.

EXERCICE 6

5 minutes

Il vous faut : crayon à mine graphite ou conté et papier bond.

Le but de cet exercice est d'esquisser le nez dans différentes positions, le long d'un axe vertical, afin de comprendre le raccourci tel que vu en perspective (trois dimensions). Pour cet exercice, demandez au modèle de s'asseoir sur une chaise solide et de supporter le derrière de sa tête avec ses mains croisées.

Pour commencer, le modèle étire son cou au maximum vers l'arrière et exhibe le dessous du menton. Après une pose de 30 secondes, il relève un peu la tête. En tout, la tête remontera en six ou sept poses, jusqu'à ce que le visage soit revenu en position droite et verticale. Ne dessinez que le nez et les narines et disposer les croquis de chaque série pour faire une colonne sur la feuille. Pendant que la tête revient vers l'avant, observez la forme changeante du nez et des narines, en particulier l'allongement ou le raccourcissement du nez. Voir Fig. 3-7.

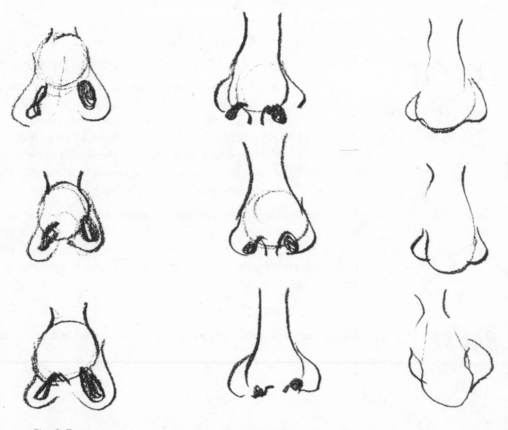

Fig. 3-7

EXERCICE 7
20 minutes

Il vous faut : crayon à mine graphite aiguisée ou conté et papier bond.

Demandez au modèle de prendre une position assise confortable et placez-vous devant lui. Cet exercice, qui explore les détails du paysage facial, devrait être exécuté lentement. Il se rapporte à l'exercice 10 du chapitre 2, mais nous travaillons ici de l'intérieur vers l'extérieur, et les lignes rayonneront du nez vers les bords du visage. Cette méthode permet de dessiner le visage sans avoir à comprimer ou à étirer les traits pour les faire entrer dans une forme ovale déjà définie.

Commencez en posant délicatement le côté de la main sur la feuille. Après quelques instants pour prendre contact avec le modèle et vous refocaliser sur lui, dessinez le bout du nez et esquissez une ligne vers l'extérieur à partir de ce point, en gardant toujours la pointe du crayon sur le papier. Dessinez lentement. Après quelques moments d'exploration, prenez un chemin différent pour revenir à votre point de départ, au centre du nez. Reprenez le processus de vous aventurer vers les bords du visage et de revenir plusieurs fois, en allant parfois en haut vers les yeux, puis en bas vers la bouche et de côté vers les oreilles. Vous obtiendrez un croquis qui sera un réseau de lignes superposées rayonnant à partir du nez et témoignant de votre exploration du visage. Voir Fig. 3-8.

> *Dans cet exercice nous travaillons de l'intérieur vers l'extérieur, et les lignes rayonneront du nez vers les bords du visage.*

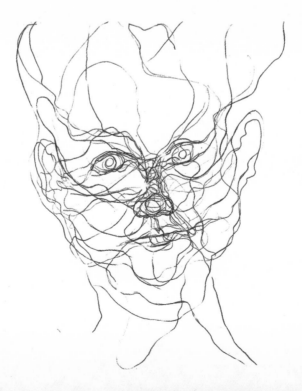

Fig. 3-8

PAUSE
10 minutes

Si votre dessin semble confus, ou que vous perdez votre concentration, prenez un moment pour fermer les yeux, prendre de grandes inspirations et appuyer la pointe du crayon sur le papier afin de retrouver votre sens de l'orientation et de vous refocaliser.

EXERCICE 8
20 minutes

Il vous faut : conté et papier bond, puis une craie de cire.

Première partie – 10 minutes

Demandez au modèle de prendre une pose semblable à la précédente. Revoyez l'exercice 6 du chapitre 2, la tête géométrique. Ensuite, dessinez au conté les grandes composantes géométriques de la tête, du cou et des épaules du modèle. Puis divisez-les en plus petites formes géométriques. Voir Fig. 2-7.

Deuxième partie – 10 minutes

Le modèle garde la même pose que pour la première partie.

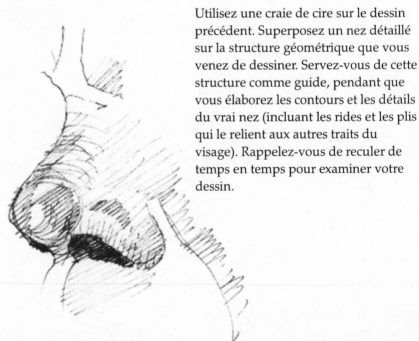

Utilisez une craie de cire sur le dessin précédent. Superposez un nez détaillé sur la structure géométrique que vous venez de dessiner. Servez-vous de cette structure comme guide, pendant que vous élaborez les contours et les détails du vrai nez (incluant les rides et les plis qui le relient aux autres traits du visage). Rappelez-vous de reculer de temps en temps pour examiner votre dessin.

Fig. 3-9

Fig. 3-10
Joanna Nash
Jeff
conté 1989

PAUSE
5 minutes

Fig. 3-11
Lucien Freud
Le père de l'artiste
crayon 1970

EXERCICE 9
30 à 40 minutes

Il vous faut : conté et papier bond ou mayfair.

Demandez au modèle de prendre une pose assise confortable, par exemple en train de lire avec la tête légèrement inclinée vers l'avant.

Vous connaissez maintenant assez bien le modèle et vous pouvez cerner sa personnalité. Étudiez ses mains, son corps, sa position et ses vêtements. Pensez à son nom et demandez-vous quel est son caractère. Ressentez une empathie de plus en plus grande à son égard et laissez ces pensées vous guider pendant que vous dessinez. Faites un croquis de la manière qui vous plaît le plus en incluant des ombres, si vous en voyez, et en reculant de temps en temps pour regarder votre dessin.

TRAVAIL CHEZ SOI

Reprenez l'exercice du travail chez soi donné au chapitre 2, mais choisissez cette fois-ci un endroit plus calme où les gens sont détendus, assis ou en train de lire. Esquissez d'abord une impression globale de la tête, du cou et des épaules, puis placez et élaborez le nez et les autres traits. Consacrez-vous à dessiner discrètement autant de nez différents que vous pouvez observer, certains de face et d'autres de profil.

Chapitre 4
LES YEUX ET LA PENSÉE

Fig. 4-1 Rembrandt *Autoportrait* vers 1627 encre, pinceau et bistre

Les yeux ne sont jamais pareils... nous devons donc trouver naturel que...
un oeil (soit) plus haut que l'autre... – William Morris Hunt

Les yeux possèdent la faculté de donner vie à un portrait. Les sentiments, les émotions, la personnalité et les pensées s'expriment par les yeux et les artistes tentent de décrire ces qualités intérieures en dépeignant les traits extérieurs.

Pour les exercices suivants, engagez un modèle qui a de grands yeux expressifs et qui ne porte pas de maquillage.

PRÉPARATION
5 minutes

Faites la mise en forme et la préparation à la fin du chapitre 1.

Puis, avec des doigts propres, auscultez la structure osseuse autour de vos yeux. Trouvez l'oeil sous vos sourcils et déplacez le doigt vers la tempe le long de ce rebord; ensuite, revenez vers le nez le long de l'os de la pommette sous l'oeil et remontez pour compléter le circuit.

Nous représenterons cette structure oculaire complète comme un cercle, avec le sourcil le long de l'arc supérieur et le cerne, sous l'oeil, le long de l'arc inférieur.

Le globe oculaire occupe le centre de cette structure. Une pupille sombre se trouve au milieu de l'iris coloré, lui-même centré dans un espace blanchâtre (la sclérotique). Quand les yeux sont ouverts, les paupières donnent une forme ovale aux globes oculaires. Quand les yeux se ferment, cet ovale devient plus allongé. Les yeux fermés ont du volume et montrent la rondeur des globes oculaires sous les paupières, avec les cils le long de la partie inférieure.

Fig. 4-2

EXERCICE 1
5 minutes

Il vous faut : conté ou graphite sur papier bond.

Disposez les chevalets et les chaises en demi-cercle et demandez au modèle de prendre des poses debout de 30 secondes, avec une rotation à la fin de chacune. Commencez en dessinant la tête ovale avec les lignes de la structure et le nez. Ensuite, placez les yeux le long de la ligne qui relie le dessus des oreilles (que vous avez indiquée à l'exercice 2 du chapitre 3). Pour représenter rapidement les yeux, esquissez-les d'abord comme deux ovales ou une figure en forme de huit, à l'horizontale. Notez la position des yeux par rapport au nez et aux oreilles. Voir Fig. 4-3.

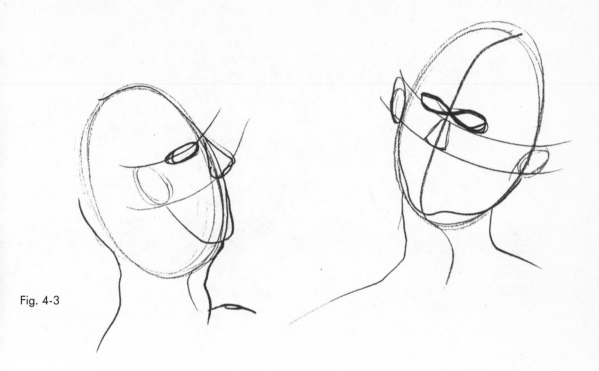

Fig. 4-3

Fig. 4-4

EXERCICE 2
30 minutes

Il vous faut : conté ou graphite sur papier bond.

Première partie – 15 minutes

Demandez au modèle de prendre une pose assise et placez-vous devant ou sur le côté, assez près pour voir au moins un oeil en détail. Commencez en esquissant rapidement un grand oeil, ou deux, selon le principe de la structure circulaire expliquée après la préparation. Indiquez les sourcils en haut, le cerne en bas, le globe oculaire et les paupières. Puis suggérez le volume de l'oeil en ajoutant des ombres et des lumières. Si vous dessinez le modèle de profil, la distance entre l'oeil et l'oreille est importante. Voir Fig. 4-3.

PAUSE
5 minutes

Promenez-vous et regardez les autres dessins.

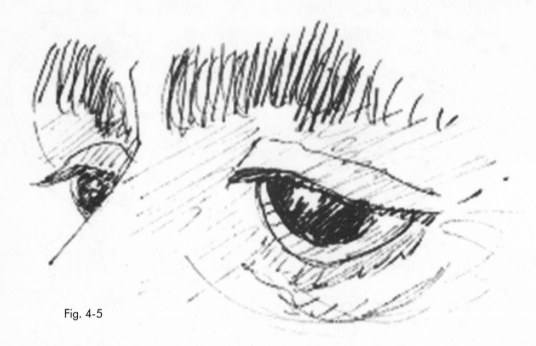

Fig. 4-5

Deuxième partie - 15 minutes

Même pose, même matériel.

Changez de place avec un autre élève afin d'avoir un point de vue différent (de face ou de profil, selon le précédent). Notez à quel point la forme de l'oeil semble être différente. Pendant que vous dessinez, observez bien ce qui se trouve devant vous et reproduisez ce que vous voyez, en évitant d'inventer autant que possible. Ayez confiance en votre sens de l'observation.

PAUSE
5 minutes

Pendant cette pause, formez un demi-cercle plus rapproché avec les chevalets pour que tous aient une vue de face des deux yeux du modèle. Si nécessaire, ajoutez une autre rangée de chevalets ou de chaises.

EXERCICE 3
15 minutes

Tenez à la main un crayon, un pinceau ou un bâtonnet assez long.

Le but de cet exercice est de mesurer les relations spatiales en se servant d'une technique que nous verrons de façon plus élaborée à l'exercice 4 du chapitre 5.

Voici une manière simple de mesurer les proportions relatives. Placez-vous à côté de votre chevalet pour avoir un espace libre devant vous. Étirez un bras vers l'avant, avec dans la main un crayon tenu à l'horizontale, et fermez un oeil. Ne pliez pas le coude pendant cet exercice. Vous utiliserez votre crayon comme règle et votre pouce comme indicateur sur le crayon. Par exemple, si vous êtes droitier, fermez l'oeil gauche, tenez le crayon, le bras tendu, près de son extrémité gauche et mesurez en déplaçant légèrement le pouce le long du crayon vers la droite. Alignez devant votre oeil la pointe du crayon avec le coin gauche de l'oeil du modèle. Déplacez le pouce le long du crayon en indiquant la distance entre la pointe de celui-ci et l'endroit où vous voyez le coin droit de l'oeil. Cela vous donnera, sur le crayon, un petit espace qui correspond à la largeur de l'œil gauche du modèle.

Voici une manière simple de mesurer les proportions relatives.

Puis, tout en gardant l'indication de cette distance avec le pouce, déplacez un peu votre bras vers la droite et comparez la largeur indiquée pour l'oeil gauche avec la distance entre les yeux (à la racine du nez). Évaluez si la distance entre les yeux est plus grande ou plus petite que la largeur de l'oeil, ou bien égale à celle-ci. Est-elle la même? Légèrement différente? Établissez-en une approximation.

De cette manière, on peut estimer les distances et comparer les proportions des différents traits et des espaces négatifs. Par exemple, comparez la largeur de chacun des deux yeux. Sont-ils de la même largeur? Ensuite, comparez la largeur de l'oeil gauche par rapport à sa hauteur, en mesurant la première à l'horizontale, puis en tournant le crayon à la verticale pour mesurer la seconde.

Il est essentiel de garder un oeil fermé et le bras bien tendu durant la mesure, sinon celle-ci sera inexacte.

Pendant la pause qui suit l'exercice 4, pratiquez encore cette technique de mesure avec les différents objets du studio et continuez ensuite la même chose à la maison, afin de bien la maîtriser. On peut mesurer et comparer tous les traits et tous les espaces négatifs de la tête, du cou et des épaules de cette façon. Il est essentiel de garder un œil fermé et le bras bien tendu durant la mesure, sinon celle-ci sera inexacte.

EXERCICE 4
5 minutes

L' ŒIL VAGABOND

Il vous faut : fusain comprimé ou conté et papier bond.

Conservez votre vue de face.

Pour cet exercice, demandez au modèle de jeter 20 regards de 10 secondes dans différentes directions, en inclinant parfois la tête à gauche ou à droite. Notre objectif est de voir comment la pupille se déplace autour de l'intérieur de l'oeil. C'est pourquoi la tête du modèle doit rester assez stable pendant que seuls les yeux bougent. Définissez vite les yeux comme des unités : deux cercles ou une figure en forme de huit (voir exercice 1). Puis demandez-vous où regarde le modèle et ajoutez rapidement deux points noirs pour représenter la position des pupilles. Répétez ce processus chaque fois que le modèle déplace son regard et notez que, lorsque la tête s'incline à gauche ou à droite, les yeux sont dans le même angle. Dans certaines des poses, les paupières couvriront peut-être une partie des pupilles et il vous faudra modifier la grandeur de celles-ci en conséquence.

Demandez au modèle s'il peut faire loucher ses yeux une fois et faites-en un croquis rapide. Parce que les yeux sont animés par l'activité des pupilles, on peut suggérer les pensées du modèle en montrant dans quelle direction il regarde. Voir Fig. 4-6.

Fig. 4-6

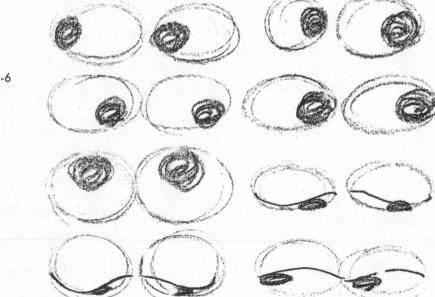

Fig. 4-7
Valentin Serov
*Portrait
d'Isabella Grünberg*
crayon, aquarelle et
blanc
1910

PAUSE
10 minutes

Mesurez des objets pour maîtrisez la technique expliquée durant l'exercice.

Fig. 4-8
Joanna Nash
Croquis de Charles
conté sur papier 1990

EXERCICE 6
20 minutes

LA LIGNE ACTIVE

Il vous faut : conté ou crayon à mine graphite aiguisé et papier bond.

Demandez au modèle de poser assis et placez-vous devant aussi près que possible. Cette fois-ci, dessinez avec abandon, sans vous préoccuper si le dessin dépasse les bords du papier. Commencez par esquisser le nez, puis remontez lentement vers les yeux. Travaillez lentement et notez les relations spatiales entre les yeux et le nez. Vous examinerez le paysage du visage en déplaçant le crayon sans vous presser, comme dans l'exercice 7 du chapitre 3.

Dessinez avec abandon et lentement.

Prenez bien le temps d'explorer en détail toute la surface. Dans les zones où vous êtes incertain, allégez la pression sur votre crayon et, là où vous vous sentez plus sûrs de vous, pesez plus fort. Observez la forme des yeux et leur apparence en relation avec le nez, en particulier la racine (haut) de celui-ci. Ajoutez tous les plis qui relient ces traits. S'il vous reste du temps, faites des excursions vers la bouche, la racine des cheveux et les oreilles...

Pendant que vous dessinez, concentrez-vous sur le modèle et ne suivez pas trop le mouvement de votre main. Tout comme un danseur ne regarde pas ses pieds en dansant, ayez confiance en la sûreté de votre main. Votre capacité de «sentir» votre ligne se déplacer sur le papier vous libère de la nécessité de suivre votre main et vous permet de focaliser visuellement sur le sujet. Avec la pratique, la coordination entre vos yeux et votre main augmentera.

Faites l'expérience de la sensation de votre main qui se déplace sur toute la surface du papier. Celui-ci constitue la scène de votre performance, utilisez-le en entier avec une variété de lignes (fines, épaisses, pâles, foncées, etc.). Quand votre regard se déplace vers le sommet de la tête du modèle, votre main peut monter et sortir du cadre du papier pour suggérer l'énergie de la forme qui continue en dehors de la feuille. Répondez à l'impulsion de vos sens. Laissez certains gestes et certaines lignes s'envoler dans l'espace autour du papier. Si vous comprimez des parties de votre dessin sur la feuille, faites-le consciemment à cause d'une raison visuelle ou d'une impulsion émotionnelle, et non parce que vous pensez que tout doit être exprimé sur la feuille.

Avec le temps, vous disposerez d'un bon sens des proportions et de la capacité d'aménager l'espace de façon efficace (le chapitre 6, sur la composition, vous y aidera). Mais, pour le moment, dessinez avec abandon et concentrez-vous à rendre les proportions relatives entre les traits.

De temps en temps, évaluez votre état d'esprit et adaptez-y votre rythme de dessin. Si vous vous sentez impatient et éparpillé, détendez-vous, focalisez sur le modèle et ralentissez. Si vous ressentez de la fatigue ou de l'ennui, étirez vos membres, «réveillez-vous» et dessinez ensuite plus vigoureusement.

PAUSE
5 minutes

Regardez les croquis des autres participants.

Fig. 4-9

EXERCICE 7
20 minutes

Il vous faut : conté et papier bond, puis craie de cire de couleur vive. Assoyez-vous devant le modèle assis.

Première partie – 10 minutes

Revoyez l'exercice 11 du chapitre 2, la tête géométrique. Avec le conté, dessinez tous les éléments que vous avez esquissés jusqu'ici, y compris les formes géométriques qui représentent les yeux. Après avoir dessiné les principales formes, divisez-les en plus petites formes géométriques.

PAUSE
5 minutes

Deuxième partie – 10 minutes

Le modèle garde la même pose.

Superposez des lignes à la craie de cire sur le dessin précédent. Dessinez des yeux détaillés par-dessus les structures géométriques. Voir Fig. 4-9.

EXERCICE 8
30–40 minutes

Il vous faut : crayon à croquis (au choix) et papier mayfair.

Demandez au modèle de prendre une pose confortable et dessinez une vue de face ou de profil, en accordant une attention spéciale aux yeux.

Fig. 4-10
Leonard Baskin
Francisco de Goya
gravure 1963

TRAVAIL CHEZ SOI

Si possible, demandez à une personne de poser et refaites l'exercice du travail chez soi du chapitre 2, en vous concentrant sur les yeux. Votre sujet doit garder les yeux sur un point spécifique et, s'ils se déplacent, rappelez-lui de les ramener au point de départ. Le but de cet exercice est de montrer le modèle qui regarde quelque chose. Évitez de donner un air vide et inexpressif aux yeux.

Fig. 4-11
Joanna Nash
Sensei Okimura
graphite sur papier
1994

CHAPITRE 5
LA BOUCHE ET L'EXPRESSION

Fig. 5-1 Greuze *Étude de femme* conté vers 1790

Laissez-vous guider seulement par le sentiment... la réalité constitue une partie de l'art;
le sentiment la complète... devant un endroit ou un objet, fiez-vous à votre première impression.
Si vous avez été réellement touché, vous exprimerez alors la sincérité de votre émotion.
– Camille Corot

Pour cette séance, engagez un modèle qui possède une expérience d'acteur ou de mime.

À la maison, observez votre bouche dans un miroir et émettez plusieurs sons. Votre bouche prend alors différentes formes et active la partie inférieure du visage. Ouvrez la bouche et faites bouger la mâchoire dans différentes positions, en notant comment cela modifie les traits du visage. Touchez votre lèvre supérieure et sentez-en les trois parties, latérale gauche, centrale et latérale droite. Ensuite, touchez les deux parties de votre lèvre inférieure.

PRÉPARATION

Première partie – 5 minutes

Reprenez la mise en forme de la main décrite au chapitre 1, puis observez votre propre corps. Votre position assise ou debout est-elle confortable? Sinon, prenez conscience de votre mauvaise position et corrigez votre posture. Si nécessaire, disposez votre matériel autrement et ajustez la barre d'appui du chevalet (trop haute, votre bras se fatiguera vite). Pendant une séance de dessin, il est important de s'étirer de temps en temps puis de changer de position. Si vous prenez bien soin de vous, vous travaillerez avec une meilleure concentration et obtiendrez de meilleurs résultats.

Deuxième partie – 5 minutes

Il vous faut : graphite ou conté et papier bond.

Reprenez la préparation avec les yeux fermés décrite au chapitre 4. Tout en déplaçant votre crayon au hasard sur la feuille, variez la vitesse et la pression. Laissez-vous aller à esquisser des lignes animées. Elles sont le moyen par lequel vous pouvez exprimer votre énergie nerveuse et vos émotions. Tracez des lignes différentes : fines, épaisses, etc.

Fig. 5-2

EXERCICE 1
15 minutes

Il vous faut : conté ou graphite et papier bond.

Disposez les chevalets pour une vue de face du modèle et approchez-vous autant que possible. Pour un plus grand groupe, faites deux demi-cercles.

Demandez au modèle de prendre trois poses différentes de cinq minutes chacune. Pendant une ou deux minutes au début de chaque pose, esquissez la tête ovale et tous ses éléments. Dans votre croquis, interprétez les traits rapidement avec des lignes légères, mais sans détail. Pour le moment, la bouche peut être rendue simplement par la forme d'une banane.

Puis visualisez, sur le visage du modèle, les deux lignes verticales parallèles qui passent de chaque côté du nez et qui touchent les yeux et la bouche. Établissez à quel endroit ces lignes rencontrent les traits (au quart, à la moitié, etc. de ces formes). Ensuite, ajoutez ces lignes sur votre dessin et, si nécessaire, ajustez l'emplacement des yeux en notant s'ils sont alignés correctement par rapport au nez et à la bouche.

> *Interprétez les traits rapidement avec des lignes légères, sans détail.*

Remarquez la largeur de la bouche par rapport à celle du nez, au niveau des narines. On peut calculer cette proportion en regardant, avec un oeil fermé et le long d'un crayon au bout du bras tendu, l'angle formé quand on relie les coins extérieurs du nez et de la bouche, à gauche puis à droite. Reportez l'angle du crayon sur votre dessin pour vérifier vos rapports de largeur. S'il vous reste du temps, ajoutez les autres rides et les autres plis que vous observez autour de la bouche. Voir Fig. 5-4.

Fig. 5-3

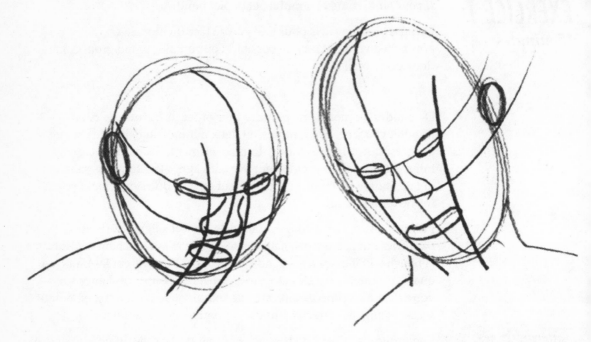

Fig. 5-4

EXERCICE 2
15 minutes

Il vous faut : conté ou graphite et papier bond.

Demandez au modèle de prendre 15 poses d'une minute chacune. De plus, il doit changer la forme de sa bouche à chaque pose et se tourner de temps en temps dans un angle de 45 degrés à gauche et à droite pour que tous les participants aient des vues de face et de profil de sa bouche.

Exécutez seulement des croquis de la bouche et placez-en quatre ou cinq par feuille. Notez le contour, la forme et l'épaisseur spécifiques des lèvres et observez les différences entre les lèvres supérieure et inférieure. Suggérez une bouche ouverte en dessinant la langue, les dents et, avec le côté du crayon, l'ombre à l'intérieur de la cavité buccale. Esquissez rapidement les principales formes et exagérez les expressions. Finalement, s'il vous reste du temps, dessinez aussi les plis et les rides autour de la bouche, mais ne rendez pas les autres traits. Voir Fig. 5-5.

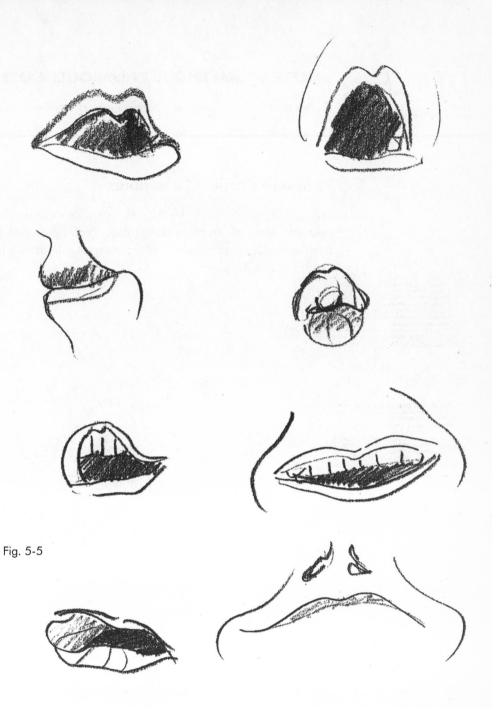

Fig. 5-5

PAUSE
5 minutes

Regardez les croquis des autres membres du groupe.

EXERCICE 3
20 minutes

LA TÊTE GÉOMÉTRIQUE ET LA BOUCHE DÉTAILLÉE

Il vous faut: conté et graphite, puis craie de cire colorée, et papier bond.

Demandez au modèle de prendre une pose confortable.

Première partie – 10 minutes

Esquissez la tête, le cou et les épaules en grandes masses géométriques, puis subdivisez-les en plus petites formes (voir l'exercice 6 du chapitre 2). Dessinez tous les traits, y compris la bouche, mais sans ajouter aucun détail.

Fig. 5-6

Deuxième partie – 10 minutes

Avec une craie de cire de couleur vive, ajoutez une bouche détaillée par dessus celle que vous venez d'esquisser, en utilisant la technique de la ligne parallèle de l'exercice 1 pour vous aider à placer la bouche au bon endroit par rapport aux autres traits. Incluez tous les plis et toutes les rides autour de la bouche, en notant leur rapport avec les formes et les espaces négatifs avoisinants. Si vous voyez des lignes qui partent des coins de la bouche du modèle et vont plus loin que le contour des lèvres, dessinez-les.

Observez le type de ligne qui sépare les lèvres : est-elle uniforme ou variée? Le côté gauche de la bouche est-il le même que le côté droit? Les lèvres supérieure et inférieure sont-elles de la même épaisseur? Posez-vous ces questions pendant que vous dessinez la bouche détaillée par-dessus la première esquisse.

PAUSE
5 minutes

Circulez et regardez les dessins des autres participants.

EXERCICE 4
20 minutes

MESURER LE VISAGE

Il vous faut : conté ou graphite, papier bond et long crayon ou bâtonnet pour mesurer.

Estimez d'abord les proportions à l'oeil.

Première partie – 10 minutes

Consacrez les premières minutes à l'esquisse de la tête et des principaux traits, en estimant les proportions à l'oeil.

Si une proportion semble incorrecte après l'avoir estimée à l'oeil, vérifiez-la en la mesurant.

Deuxième partie – 10 minutes

Référez-vous à la méthode de prise des mesures proportionnelles de l'exercice 4 du chapitre 5 et mesurez certaines des distances entre les traits du visage et les espaces négatifs. Commencez en choisissant ce qui semble être des distances égales ou presque, puis reportez-vous à votre croquis pour vérifier si vos estimés étaient exacts.

Il n'existe pas de proportions absolues, car chaque visage est différent et doit être exploré.

Par exemple, supposez que vous avez dessiné la longueur du nez, de la racine au bout, comme étant égale à la largeur de la bouche. Si votre estimé à l'oeil était correct et que ces deux mesures sont semblables, vérifiez-en alors l'exactitude sur votre croquis. Pour cela, posez votre crayon sur le dessin du nez et indiquez sa longueur avec votre pouce sur le crayon. Transposez cette longueur en posant le crayon (avec votre pouce en place) par-dessus le dessin de la bouche. La largeur de la bouche correspond-elle à la longueur indiquée pour le nez? Sinon, modifiez votre dessin en conséquence.

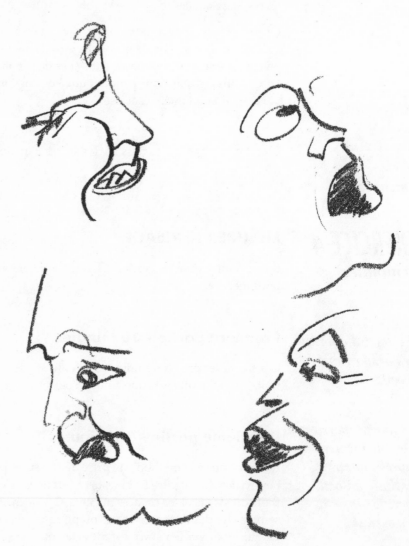

Fig. 5-7

La technique de mesure sert de vérification. En dessinant, estimez d'abord les dimensions à l'œil; puis, si une proportion semble incorrecte, vérifiez-la avec cette technique. Comparez aussi d'autres rapports de distance : la largeur totale des yeux (incluant l'espace entre les deux) à celle de la bouche, la distance entre le bas de l'oeil et le bas du nez à la largeur totale des deux narines, la hauteur du menton à la largeur d'un oeil, etc. On peut mesurer et comparer ainsi toutes les dimensions verticales, horizontales ou diagonales. Gardez toujours à l'esprit, cependant, qu'il n'existe pas de proportions absolues. Chaque visage est différent, et on doit le découvrir en l'observant. N'ayez donc pas d'idées préconçues et respectez le caractère unique de chaque personne.

PAUSE
5 minutes

Pratiquez la technique de mesure avec les objets dans l'atelier.

Les gens se servent du langage du corps et des expressions du visage comme moyens de communication non verbale. Le portraitiste qui désire exprimer des sentiments, des attitudes et des émotions dans ses dessins doit observer soigneusement ces messages. Les expressions, qui constituent une réaction spontanée d'un état émotif, sont passagères. Certaines, comme un regard curieux, sont subtiles alors que d'autres sont intenses, comme une crise de colère ou de fou rire.

Parce que les expressions sont éphémères, elles représentent pour les artistes un défi très spécial. C'est pourquoi il est utile de recourir à une ligne gestuelle. Honoré Daumier et Toulouse-Lautrec étaient très habiles à rendre les expressions du visage dans leurs dessins et, pour mieux communiquer, ils n'hésitaient pas à recourir aux exagérations ou aux distorsions. Regardez des exemples de leurs oeuvres.

La différence entre un portrait exagéré et une caricature peut être très subtile. Une caricature est un type de dessin où l'artiste choisit d'amplifier grandement un trait distinctif de son sujet. Les autres traits et les autres éléments, quant à eux, sont habituellement reproduits fidèlement. Le résultat est très typique et s'approche souvent de l'absurde, comme dans les caricatures politiques.

Un dessin exagéré, par contre, reste plausible parce que l'artiste met l'accent sur un ou plusieurs traits tout en conservant à l'ensemble des proportions harmonieuses.

Fig. 5-8

EXERCICE 5
15 minutes

LES EXPRESSIONS DU VISAGE

Il vous faut : fusain comprimé et papier bond.

Dessinez vite et intensément

Le modèle déterminera la longueur des poses selon leur difficulté. Les plus courtes seront de 20 secondes et les plus longues, de 60 secondes. Assoyez-vous près du modèle, de préférence devant lui, et demandez-lui de tourner son visage de tous les côtés afin que tous les élèves puissent avoir différentes vues à tour de rôle.

Oubliez les détails qui ne sont pas essentiels et rendez l'expression en premier... Dessinez d'abord le plus important, puis le reste si vous avez le temps.

Vous aurez à travailler rapidement; assurez-vous donc que votre matériel et votre feuille sont bien en place. Imaginez que vous dessinez des masques japonais ou de la *comedia del arte* et que vous pouvez omettre des détails qui ne sont pas essentiels, comme les oreilles, les cheveux, etc. Le but de cet exercice consiste à cibler l'expression du modèle et à la décrire avec le minimum de moyens.

Comme le modèle détermine la longueur des poses, elles seront probablement courtes. C'est pourquoi vous devrez omettre tous les détails qui ne sont pas essentiels. Par exemple, si le modèle siffle, cette pose peut créer des mouvements de la bouche et des sourcils, sur lesquels vous mettrez l'accent, alors que vous ne ferez qu'esquisser le nez et les yeux. Ou, si le modèle cligne de l'oeil, ne perdez pas de temps à commencer par le menton. Laissez votre fusain glisser par-dessus les traits qui ne rendent pas l'expression. Après avoir dessiné l'essentiel, esquissez les autres traits s'il reste du temps.

Observez, réagissez et dessinez. Rendez l'essentiel en vous concentrant d'abord sur l'expression.

Fig. 5-9
R.B. Kitaj
Sa nouvelle liberté
1978

Vos croquis devraient ressembler à des masques : énergiques, expressifs et minimaux. Considérez chaque pose comme un moment unique qui exige une réponse spéciale. Ceux qui réussissent le mieux cet exercice se permettent des réactions émotives et ne compliquent pas le processus en l'intellectualisant. Observez, réagissez, dessinez et travaillez en grand format, avec deux ou trois visages par feuille, pour libérer vos gestes. Ne perdez pas de temps avec les contours, concentrez-vous sur l'expression et n'ajoutez les autres éléments que s'il reste du temps. Cet exercice n'est pas facile, mais il peut être très profitable. Soyez vigilant et procédez avec un sens d'urgence, puisque vous ne pouvez pas prédire la longueur de chaque pose. Voir Fig. 5-8.

PAUSE
5 minutes

Mettez vos feuilles en ordre et regardez les dessins des autres.

Fig. 5-10

Si le dernier exercice vous a posé des problèmes et que vous n'avez pu vous laisser aller à réagir, évaluez votre situation. Êtes-vous prêt physiquement à réagir au modèle? Vérifiez votre chevalet, vos feuilles et votre matériel pour vous assurer qu'ils ne nuisent pas à votre démarche. Pour certains, la solution consiste à dessiner avec la main non dominante, un changement qui peut vous désorienter juste assez pour briser vos inhibitions et vous permettre de réagir à la situation.

EXERCICE 6
15 minutes

Même exercice que le précédent. Demandez au modèle de prendre des poses très exagérées (et ne le faites pas rire!). Dessinez avec plus de vitesse et d'intensité en appuyant plus fort sur le fusain et en faisant des lignes et des masses plus sombres et plus épaisses. Travaillez avec rapidité pour capter le moment.

PAUSE
5 minutes

Promenez-vous et regardez les croquis des autres participants.

EXERCICE 7
45 minutes

LA PROXIMITÉ PHYSIQUE

Il vous faut : même matériel que l'exercice précédent.

Disposez les chevalets et les chaises en un grand cercle.

Quand vous dessinez, votre distance du modèle est importante. Plus vous en êtes loin, et plus il est facile de le voir de façon objective et de rester détaché d'une expression chargée d'émotion. Mais cette objectivité inhibe votre réaction émotive et nuit à votre capacité d'empathie.

Demandez au modèle de prendre neuf poses expressives de cinq minutes et, à chaque fois, de maintenir un contact visuel avec un des participants. Par exemple, il peut poser son menton sur une planche à dessin, ou épier un élève de derrière son chevalet, etc. Le modèle peut s'asseoir sur le sol ou sur un tabouret, ou encore rester debout.

Quand le modèle a choisi sa «victime», le reste du groupe doit être prêt à se déplacer pour mieux voir. Ou si vous ne voyez pas le modèle, c'est la «victime» qui deviendra le vôtre. Dessinez toutes les expressions intéressantes du visage du modèle ou des autres participants. Quand c'est votre tour de faire face au modèle, exprimez vos sentiments dans votre dessin.

TRAVAIL CHEZ SOI

Refaites l'exrcice du travail chez soi du chapitre 4 et élaborez tous les éléments du visage étudiés jusqu'ici, en mettant l'accent sur la bouche. Trouvez un endroit public animé où les gens parlent, fument et mangent. Concentrez-vous à capter les expressions du visage et à apprécier le défi du travail exécuté avec rapidité et intensité.

Fig. 5-11
Oskar Kokoschka
Portrait d'homme
(Ivar von Lücken)
lithographie 1918

CHAPITRE 6
LA COMPOSITION

Fig. 6-1 Alberto Giacometti *Étude* craie de cire 1952

La composition est l'organisation cohérente des formes dans un espace donné. Il ne peut exister de dessin sans composition. Une bonne composition est le résultat d'une réflexion approfondie : la considération des principales formes géométriques, l'équilibre des espaces et des volumes, des ombres et des lumières, des lignes, des textures et des couleurs... la composition se fonde sur les lois de l'harmonie, le fait que les semblables s'attirent. La répétition des lignes, des formes, des tons et des couleurs constitue un puissant signal que l'oeil doit suivre. – John Sloan

La composition renforce le message visuel de l'artiste.

Pour cette séance, demandez au modèle d'apporter trois ou quatre chapeaux différents (ou fournissez-les vous-même). Notez le changement qu'apporte un chapeau à la forme de la tête et tenez-en compte dans vos croquis.

La composition et le design d'une œuvre réfèrent à la disposition des éléments en relation les uns avec les autres, et par rapport à l'ensemble. Ces rapports peuvent être subtils ou très évidents. La fonction de la composition consiste à renforcer l'intention ou le concept de l'artiste en conférant une structure et un design aux éléments formels du travail.

Les éléments de composition avec lesquels nous travaillons sont les lignes, les masses (formes) et les espaces négatifs. Voici certains des critères à considérer quand on dispose ces éléments : le rythme, le mouvement, le poids des formes et des espaces, et les tensions ou composantes directionnelles. Ces considérations s'appliquent au portrait tout comme aux autres types de dessins.

Le rythme

peut résulter des motifs du dessin sur la surface du papier ou de la répétition des éléments.

Le mouvement

pourrait référer à la façon dont les lignes guident et dirigent nos yeux dans le dessin, là où l'artiste veut entraîner notre regard.

La tension

est une force visuelle qui peut attirer l'oeil à la verticale, à l'horizontale et en diagonale, ou créer des vibrations entre différentes formes.

Le poids

pourrait se rapporter à la tendance de certaine formes et de certaines masses à paraître lourdes et enracinées, par contraste à d'autres d'apparence légère et flottante.

La composition picturale est un sujet compliqué pour les débutants; nous nous limiterons donc à :

A. faire l'expérience de différents points de vue,

B. choisir délibérément un point de vue qui renforce l'affirmation que nous désirons faire sur le sujet illustré,

C. analyser nos choix en termes d'effets visuels dynamiques.

Pour les exercices suivants, il vous faudra un viseur. Vous pouvez en fabriquer un en carton ou utilisez un cadre vide de diapositive (voir chapitre 2 – matériel). Vérifiez d'abord que l'ouverture du viseur est rectangulaire. Vous pouvez l'utiliser de deux manières, à la verticale et à l'horizontale. Cela constituera votre premier choix de composition : préférez-vous un format en hauteur ou en largeur? Nous travaillerons avec les deux.

Pour vous préparer, regardez à travers l'ouverture du viseur avec un oeil fermé et déplacez le cadre autour du studio pour avoir différentes vues des personnes et des objets. Arrêtez-vous pour observer un sujet et avancez ou reculez le viseur en étirant le bras ou en le repliant. Ces mouvements changent la distance entre vous et le sujet (voir l'exercice 7 du chapitre 5) et peuvent influencer la dynamique émotive du dessin. Rappelez-vous de rester au même endroit quand vous bougez le viseur.

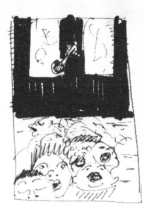

Déplacez le viseur à gauche ou à droite de votre sujet et notez comment les espaces négatifs influencent et changent la composition de l'image. Par exemple, l'effet visuel d'un gros plan de face du modèle peut donner une idée de confrontation alors que, vu de loin et entouré d'un espace vaste, le modèle semble plus vulnérable.

L'utilisation d'un viseur vous aide à choisir le genre d'univers que vous désirez dans votre dessin. Ainsi, vous pouvez éliminer ou inclure des éléments, en tout ou en partie. Cependant, certains artistes se servent d'un viseur, alors que d'autres visualisent leurs composition sans eux. Dans les deux cas, toutefois, il se produit un processus de sélection et d'élimination.

Fig. 6-2

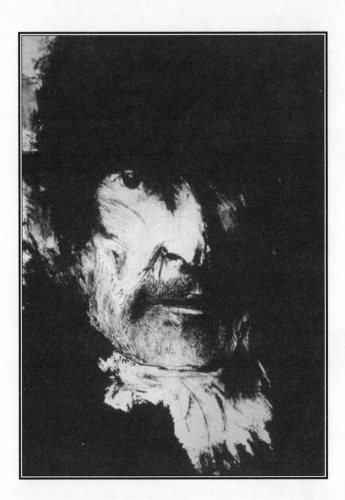

Fig. 6-3
Leonard Baskin
Babeuf
encre 1966

PRÉPARATION

5 minutes

Il vous faut : conté ou graphite et papier bond.

Les yeux fermés et en tenant votre crayon d'une main détendue, dessinez une ligne continue au hasard sur votre feuille. D'un mouvement fluide et interrompu, laissez cette ligne sortir du cadre du papier et y revenir. Par exemple, si la ligne déborde en haut, abaissez votre bras le long de la planche à dessin et ramenez votre main sur le dessin. Développez une impression physique des dimensions de la surface pour prévoir quand votre main approchera des limites de la feuille et pour savoir si vous êtes sur le dessin ou en dehors. Cela vous libérera de regarder votre main pendant que vous travaillez et vous permettra de focaliser votre énergie sur le sujet. Rappelez-vous que la surface entière du papier est votre domaine et que le mouvement des lignes peut continuer dans l'espace. Occupez donc la surface, mais sans vous limiter inutilement.

EXERCICE 1
40 minutes

LES POINTS DE VUE DIFFÉRENTS

Il vous faut : conté ou graphite et papier bond.

Demandez au modèle de s'asseoir confortablement. Ceci est un exercice
en quatre parties, pour lequel vous devez dessiner quatre grands
rectangles sur votre feuille, deux verticaux et deux horizontaux. Leurs
proportions devraient être les mêmes que celles de votre viseur.
Voir Fig. 6-4.

Fig. 6-4

Première partie – 10 minutes

Ne faites que de grandes formes...

Avec un oeil fermé, regardez le modèle à travers le viseur et choisissez un arrangement de formes et d'espaces négatifs qui laisse beaucoup d'espace autour de la tête, du cou et des épaules du modèle. Notez si vous tenez le viseur à la verticale ou à l'horizontale et commencez à dessiner dans un rectangle de format correspondant. Dans votre dessin, la distribution des masses et des espaces négatifs ainsi que les rapports de ceux-ci avec le cadre sont-ils les mêmes que ceux dans votre viseur? Ne dessinez que de grandes formes et omettez les détails.

Certains élèves tiennent le viseur devant leur oeil pendant cinq minutes, alors que d'autres observent rapidement, puis dessinent de mémoire avec un coup d'oeil de temps en temps. L'une ou l'autre méthode deviendra plus facile après un certain temps.

Fig. 6-5
Andrew Wyeth
Étude pour Karl
crayon 1948

Deuxième partie – 10 minutes

Si votre premier croquis était à la verticale, placez le viseur à l'horizontale (ou vice versa). Avancez le viseur pour cadrer la tête, le cou et les épaules du modèle à un endroit différent de la composition précédente. En conséquence, les espaces négatifs autour du modèle seront modifiés. Dans le rectangle de format correspondant, esquissez cette nouvelle composition. Travaillez vite en indiquant les masses principales et en ignorant les détails. Soyez particulièrement attentif à la façon dont les formes et les masses sont incluses dans le cadre, ou dont elles en sont exclues.

Avancez le viseur pour cadrer la tête, le cou et les épaules du modèle à un endroit différent de la composition précédente. En conséquence, les espaces négatifs autour du modèle se trouveront modifiés.

Fig. 6-6
Rembrandt
Nabuchodonosor
encre vers 1630

Troisième partie – 10 minutes

Avancez le viseur pour ne cadrer qu'une partie de la tête et du cou du modèle, et choisissez votre composition selon les lignes et les courbes qui vous intéressent le plus. Reportez ce que vous voyez sur le papier. Le choix d'un format, vertical ou horizontal, est important et doit dépendre de votre réponse visuelle à ce que vous regardez. Choisissez ce qui vous plaît le plus.

Quatrième partie – 10 minutes

Pour la dernière composition, avancez-vous pour obtenir un gros plan du visage du modèle. Portez une attention particulière aux différents cadrages possibles. La pose peut-elle être cadrée de façon intéressante sans avoir l'air étrange? Dessinez cette composition dans votre dernier rectangle.

Observez les quatre compositions différentes en considérant leurs mérites et leurs faiblesses. Choisissez celle que vous préférez, en vous demandant ce que vous aimez. Semble-t-elle harmonieuse? Dynamique? Est-elle inhabituelle? Indiquez votre choix avec un * et prenez une pause de cinq minutes pour regarder les choix des autres participants et en discuter.

Sachez que l'effet d'ensemble est plus important que les détails.

Certains élèves ont de la difficulté à choisir leur composition préférée. S'il vous est impossible de choisir, procédez par élimination. L'une d'elle est-elle ennuyeuse? Statique? Conventionnelle? Confuse?

Les compositions harmonieuses ne se produisent pas par magie, mais sont plutôt soigneusement conçues par l'artiste. Évitez donc les procédés répétitifs et les habitudes conventionnelles, comme de toujours placer le sujet au milieu du cadre pour créer un équilibre. Il s'agirait d'une conception à l'approche centriste; mais de quoi aurait l'air votre salon si tous les meubles étaient placés au milieu? La décoration serait-elle équilibrée? Peut-être, mais l'équilibre ne dépend pas de la symétrie. Il résulte plutôt d'une interaction harmonieuse des éléments. Une dépendance trop grande envers des arrangements symétriques donne souvent des compositions statiques. Il arrive souvent qu'un artiste répète constamment un effet visuel, parce qu'il a déjà été efficace. Prenez des risques et essayez d'inventer de nouvelles solutions pour chaque situation différente.

Lorsque vous étudiez en détail un élément spécifique ou réalisez un croquis rapide, les considérations de composition ne sont, bien sûr, pas la priorité. Mais il serait stupide de commencer un dessin élaboré et de finaliser tout de suite les détails sans considérer d'abord la composition générale et l'emplacement des grandes masses. Les détails ont de l'importance, mais l'effet d'ensemble en a encore plus. Pendant qu'ils peignent ou dessinent, les artistes passent souvent du spécifique au général, des parties à l'ensemble, et vice versa. Une bonne composition accorde de la valeur aux différentes parties, mais elle tente surtout de renforcer l'harmonie de l'ensemble.

Fig. 6-7
Joanna Nash
Croquis de
Jean-Claude Labrecque
crayon 1992

EXERCICE 2
20 minutes

Il vous faut : même matériel.

Demandez au modèle de mettre un chapeau et de s'asseoir confortablement (la même pose sera reprise pour l'exercice suivant).

Encore une fois, regardez le modèle dans le viseur. Planifiez et esquissez quatre compositions possibles, qui expriment quatre espaces physiques différents autour de votre sujet. Prenez cinq minutes pour réaliser chacune. Rappelez-vous de rester au même endroit et de laisser au viseur le soin de se déplacer pour vous. Après la pause, nous élaborerons une des compositions que nous appellerons un «carton» (à ne pas confondre avec le matériau du viseur), un terme qui signifie un modèle ou un plan.

PAUSE
10 minutes

Promenez-vous et discutez avec les autres des différents choix de compositions.

EXERCICE 3
20 minutes

TRANSPOSITION DU FORMAT D'UN CARTON

Il *vous faut* : fusain sur papier bond.

Demandez au modèle de reprendre la pose précédente.

Il existe plusieurs méthodes utilisant des grilles pour transposer le format d'un carton. Ici, nous utiliserons une approximation qui suffira à nos besoins. Notez si le carton est vertical ou horizontal et divisez-le en quatre sections en traçant deux lignes qui se croisent au centre. Puis enlevez-le de votre chevalet et déposez-le sur le sol, là où vous pouvez le voir.

Sur la nouvelle feuille, dessinez un rectangle plus grand dans les mêmes proportions (qui occupera au moins les trois quarts de la surface du papier) et divisez-le en quatre sections, comme le carton, avec des lignes discrètes mais visibles. Étudiez le carton. Où le point d'intersection des lignes divise-t-il votre sujet? Un élément est-il coupé par le cadre? Ensuite, esquissez les arrangements de masses et d'espaces négatifs dans les quartiers correspondants du nouveau rectangle.

> *Faites une approximation et dessinez ensuite librement.*

Faites une approximation et dessinez ensuite librement. En transposant la composition, faites des marques légères au fusain, effacez et modifiez. Il est utile de regarder de temps en temps le modèle vivant dans le viseur, bien que votre carton fournira en général assez d'information pour l'exécution de votre croquis. Dessinez de grandes masses et évitez les détails.

Fig. 6-8
Joanna Nash
Étude de Catherine
encre et pinceau 1990

PAUSE

5 minutes

Regardez les croquis des autres participants.

EXERCICE 4

60 minutes

*(avec une pause
au milieu)*

Il vous faut : conté et papier bond.

Demandez au modèle de prendre une pose confortable et de porter un chapeau différent.

Pendant les dix premières minutes, répétez la démarche des exercices 2 et 3 en dessinant quatre petites compositions du sujet. Dessinez vite, sans détail, et concentrez-vous sur la mise en place des éléments principaux. Déterminez un centre d'intérêt pour chaque point de vue, en vous demandant ce à quoi vous voulez répondre et ce que vos yeux trouvent attirant. Prendre un risque en composition signifie inventer quelque chose qui convient à la situation, plutôt que de recourir au procédé habituel. Laissez le sujet évoquer une réponse émotive en vous et élaborez celle-ci en une stratégie qui augmente et renforce la sensation originelle.

Par exemple, si la ligne du cou, la forme du chapeau ou l'expression des yeux attire votre attention, vous pouvez les mettre en évidence par une ou plusieurs des stratégies suivantes :

A. donnez un emplacement proéminent à ce trait,

B. utilisez des lignes directionnelles pour attirer l'oeil vers lui,

C. conférez-lui du poids ou de la légèreté par rapport aux autres éléments,

D. juxtaposez-le de façon dynamique aux autres composantes,

E. reprenez les caractéristiques de cet élément dans les autres (par exemple, un cou angulaire est mis en évidence par d'autres lignes interprétées de manière angulaire),

F. contrastez le trait dominant avec les autres caractéristiques (par exemple, un cou angulaire contrastant avec des formes courbes et organiques).

Tout format cohérent avec la vision de l'artiste est acceptable pour une œuvre.

Déposez le carton sur le sol où vous pouvez le regarder, mais cette fois-ci ne le transposez pas. Évoquez seulement la sensation du style choisi et élaborez votre croquis librement sur une plus grande feuille pendant le reste du temps alloué.

Tout format est acceptable pour une oeuvre d'art, s'il met en évidence la vision de l'artiste. Coupez différents formats de viseurs en carton : très long ou très large, triangulaire, ovale, etc. Essayez-les et choisissez des formats variables pour des raisons d'ordre visuel, et non pour faire différent. Un peu de ruban cache collé sur le cadre de diapositive servant de viseur peut modifier ses proportions, mais n'oubliez pas d'ajuster le format du dessin en conséquence.

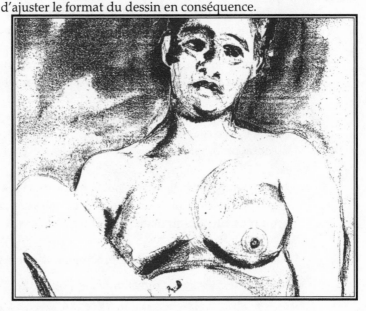

Fig. 6-9
Joanna Nash
Étude de femme
aquarelle 1989

TRAVAIL CHEZ SOI
30 minutes ou plus

Il vous faut : médium au choix et papier bond.

Exécutez l'un des dessins suivants :

A. un autoportrait montrant des éléments de la pièce où vous vous trouvez,

B. un portrait d'un ami ou d'un animal familier, dans sa chaise préférée et entouré de quelques objets,

C. un grand dessin, réalisé à partir d'un de vos petits croquis, qui ajoute ou invente une pièce autour de la personne (ou des gens) que vous aviez dessinée.

CHAPITRE 7
L'OMBRE ET LA LUMIÈRE

Fig. 7-1 Paul Klee *Portrait du père de l'artiste* verre églomisé 1906

La plupart des dessins les plus anciens que nous connaissons... sont principalement des dessins de contour... une ligne semble une mince affaire du point de vue visuel; en effet, les limites (des masses) ne sont pas toujours clairement définies, mais se fusionnent plutôt continuellement avec la masse environnante, pour être reprises plus tard et définies de nouveau. – Harold Speed

Revoyez les définitions au début du chapitre 1, puis étudiez les dessins des Fig. 7-2 et 7-3. Ils constituent des exemples de techniques différentes, qui possèdent des caractéristiques et des effets propres. La Fig. 7-2 est un dessin à la ligne dont les formes sont circonscrites par des lignes. Même si le volume est suggéré, il n'y a presque aucune sensation de profondeur et de poids. C'est la principale caractéristique de ce dessin minimal, aéré et au potentiel de légèreté et de simplicité.

Fig. 7-2
Henri Matisse
Portrait de Mme L.D.
plume et encre 1937

La Fig. 7-3 est un dessin en demi-tons où l'artiste a travaillé avec des dégradés de blanc au noir, sans représenter les bords extérieurs par des lignes. Cette technique produit une fusion de formes claires et sombres, et des contours diffus. Avec un traitement en demi-tons, on obtient un effet visuel de douceur, de grain et de densité. Dans les premiers chapitres de ce livre, nous avons utilisé la ligne comme moyen d'interprétation des formes et des proportions du visage et du corps humains. Maintenant, nous étudierons les tons et le développement du volume.

Fig. 7-3
Georges Seurat
Portrait du père de l'artiste
conté noir 1880

TRAVAIL CHEZ SOI

Placez un œuf sur une surface foncée et orientez l'éclairage pour qu'il ne tombe sur le sujet que d'un seul côté. Observez le contour de l'œuf, là où il touche à la base foncée. Les deux masses se trouvent côte à côte, l'une claire et l'autre sombre. C'est le point de rencontre de ces deux tons contrastants qui rend le contour de l'œuf visible. En fait, il n'existe aucune ligne de contour pour circonscrire l'œuf; les objets constituent des masses solides qui entrent en contact avec d'autres masses solides. Le contour est un procédé que nous pouvons utiliser pour donner une impression de réalité tangible à un objet.

Ensuite, placez l'œuf sur une surface blanche (papier ou tissu) et observez son contour. Dépendant de la force de l'éclairage qui la baigne, la forme de l'œuf peut avoir un contraste minimal ou maximal avec l'espace négatif qui l'entoure. On peut interpréter avec des dégradés subtils de gris un objet blanc sur une surface blanche et les ombres adjacentes.

Fig. 7-4 M.C. Escher *Trois sphères 11* lithographie 1946

... les objets sont des solides qui ne sont circonscrits par aucune ligne. Le contour est un procédé utilisé pour donner une impression de réalité tangible à un objet.

PRÉPARATION
10 minutes

Il vous faut : crayon ou carré de graphite, contés (différentes couleurs), fusain ordinaire ou comprimé et/ou craies de cire, et gommes à effacer molles et dures (ces dernières sont des outils de travail et non de correction).

Pensez aux masses et non aux lignes.

Revoyez la préparation du chapitre 3, où vous avez fait l'expérience de la gamme de tons des différents crayons. En utilisant plusieurs mouvements différents de la main, essayez différentes manières d'ombrer, c'est-à-dire d'appliquer des gris sur la feuille. Travaillez avec des masses et non avec des lignes, et variez la pression de la main. Estompez avec les doigts, des estompes ou un chiffon. Fusionnez les bords et, avec les deux types de gommes, effacez un peu des demi-tons pour obtenir des formes claires. Amusez-vous!

Il s'agit de créer de nombreux effets de demi-tons avec des masses plutôt que des lignes.

Remplissez le papier de textures en demi-tons en utilisant tous les médiums dont vous disposez. En travaillant, posez-vous ces questions. Quelle est la gamme complète de tons de chaque médium? Pouvez-vous dessiner avec les gommes? Les médiums se fusionnent-ils et se superposent-ils facilement? Sont-ils compatibles? Peut-on appliquer le conté coloré sur du graphite, et vice versa? Remplissez la feuille des réponses à ces questions. Prenez le temps d'expérimenter avec chaque médium, c'est une étape d'essais où vous pouvez découvrir des effets visuels importants. Superposez des couches de couleurs, puis gommez pour révéler des taches claires dans les masses sombres, etc. Notre objectif est de créer de nombreux effets de demi-tons et de travailler avec des masses plutôt que des lignes.

EXERCICE 1
20 minutes

Il vous faut : fusain ou conté et papier bond.

Rappelez-vous de travailler avec des masses.

Disposez les chevalets et les chaises de chaque côté du modèle afin que tous les élèves aient une vue de profil d'une oreille. Demandez au modèle de coiffer ses cheveux pour que ses oreilles soient visibles au complet. Dans cet exercice, nous observerons l'anatomie de l'oreille puis nous en reproduirons les masses avec des demi-tons (sans lignes). Mal dessinée dans un portrait, l'oreille peut constituer un élément dérangeant. Et cela démontre que l'artiste ne s'est pas suffisamment familiarisé avec l'anatomie.

Modelez les masses ombrées pour suivre les courbes de l'oreille.

Avant de commencer à dessiner, observez le modèle et demandez-vous quelle est la partie la plus claire de l'oreille, et la plus sombre. Combien de valeurs différentes de tons y voyez-vous? Trois, cinq ou plus? Le gris foncé du fusain est-il assez foncé, ou le conté noir serait-il pas plus efficace pour obtenir une gamme avec plus de tons sombres?

Esquissez une grande oreille de 15 à 20 cm afin de vous donner assez d'espace pour élaborer les formes. Rappelez-vous de travailler avec des masses et non des lignes. Exprimez des masses individuelles complètes, en notant leurs rapports de formes et de proportions avec les masses voisines, et reprenez certaines des techniques d'ombrage que vous avez inventées durant l'échauffement : appliquez la couleur, que vous étalerez et superposerez, puis créez des zones claires avec la gomme, et ainsi de suite. Comparez sans cesse les valeurs en vous disant : «sombre, clair, encore plus clair, très sombre, etc.» et réagissez à ces variations avec votre matériel de dessin et votre pression de la main.

Observez les courbes de l'oreille et ombrez ces masses courbées afin d'accentuer leur rondeur; l'effet de volume est mis en valeur par le contraste entre les masses claires et sombres. Rappelez-vous que, lorsque vous suggérez la profondeur et le volume de l'oreille, les masses claires ont tendance à s'avancer alors que celles plus sombres semblent reculer. Pendant que vous ombrez l'oreille, notez les mouvements de votre main; comment appliquez-vous les couleurs sur les masses courbées? Visualisez la surface de l'œuf, et comment les lignes s'y conforment aux courbes et reflètent le mouvement de la forme. Conformez votre main et votre courbe aux courbures de l'oreille. Reculez de temps en temps pour regarder votre dessin, puis continuez.

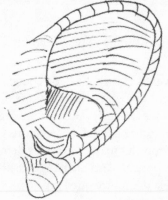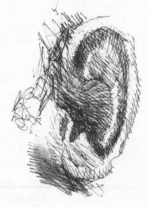

Fig. 7-5

PAUSE

5 minutes

Passez en revue les croquis des autres participants.

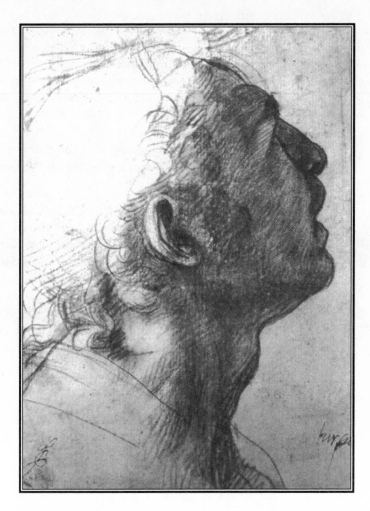

Fig. 7-6
Andrea del Sarto
Étude
vers 1500

EXERCICE 2
20 minutes

Il vous faut : fusain comprimé, papier bond et une ou deux gommes à fusain.

Pour cet exercice, il faut un spot de 75 à 125 watts, un projecteur sur un trépied et une rallonge électrique. Notre objectif sera de créer des masses claires sur le papier noirci en utilisant des gommes.

> *Partez du bout du nez et progressez lentement dans tous les sens.*

Apprêtez votre feuille en couvrant entièrement sa surface d'une couche épaisse de fusain comprimé noir, que vous tiendrez sur le côté en frottant vigoureusement avec une pression modérée. Estompez cette première couche avec un chiffon, puis appliquez-en une autre pour obtenir une surface d'un gris foncé uniforme. Puis préparez votre intrument de dessin, une gomme à fusain, en la réchauffant dans la paume de la main.

... les contours seront des tons contrastants et non des lignes.

Faites asseoir le modèle dans une partie sombre du studio et éteignez la plupart des plafonniers. Placez le spot à un angle de 45 degrés devant le modèle, environ un demi-mètre au-dessus de sa tête, et assurez-vous que la lumière ne l'éblouit pas. Comme il faut un éclairage dramatique, placez le spot pour obtenir des ombres et des lumières très contrastées sur le visage, le cou et les épaules du modèle. Disposez les chevalets et les chaises en les orientant vers le côté s'ombre du modèle (du côté l'opposé à l'éclairage). Si nécessaire, placez-les sur deux rangées pour que tous voient bien. De cet angle, vous devriez voir la lumière et les ombres sur le modèle.

En réchauffant la gomme à fusain dans la main, observez le modèle et notez comment la lumière éclaire ses traits. Recherchez les masses lumineuses, ce sont celles que vous «effacerez». Commencez au bout du nez et travaillez lentement dans toutes les directions (rappelez-vous l'exercice 7 du chapitre 3). Identifiez une surface claire à la fois; définissez sa forme en effaçant avec la gomme et comparez sa valeur de ton à celles des masses voisines. Effacez ainsi les formes de base, en tant que masses et non en tant que lignes; les contours seront des tons contrastants plutôt que des lignes. Si vous vous perdez, revenez au bout du nez et repartez de là. Voir Fig. 7-7.

Fig. 7-7
Gustave Courbet
Autoportrait
fusain vers 1850

Pendant le travail, on peut modeler la gomme à fusain en différentes formes pour effacer le fusain comprimé noir. Quand la gomme devient trop noire pour absorber d'autres pigments, pétrissez-la pour exposer une surface propre. Rendez les zones claires les plus blanches possible et laissez quelques traces de gris là où il y a moins de lumière. Si vous avez trop effacé, appliquez du fusain à cet endroit et recommencez.

Avec deux masses en demi-tons contrastantes côte à côte, on obtient des formes aux contours bien définis. Par contre, si on juxtapose des valeurs semblables de demi-tons, les formes semblent se fusionner l'une dans l'autre. Reculez de temps en temps pour regarder votre croquis et le modèle afin d'avoir en tête l'effet global de l'éclairage. Après une concentration sur le spécifique, prenez du recul et considérez l'ensemble.

PAUSE
5 minutes

EXERCICE 3
30 minutes

Il vous faut : fusain comprimé et papier bond, manille ou mayfair et viseur.

Pour obtenir un éclairage moins dramatique que celui de la dernière pose, demandez au modèle de s'asseoir confortablement plus loin du spot et de porter un chapeau à larges rebords projetant des ombres sur son visage.

Prenez dix minutes pour planifier quatre petites compositions en demi-tons; avec le viseur, recherchez différentes répartitions de masses sombres et claires. Notez où sont réparties les masses en demi-tons dans le cadre et servez-vous du côté plat du fusain pour produire des zones claires et sombres. Ne dessinez pas de lignes. Par leur emplacement les unes par rapport aux autres, les masse claires et sombres influencent l'équilibre, le poids, le mouvement et les composantes directionnelles. Choisissez quatre arrangements différents des masses, chacun avec un motif particulier d'ombres et de lumières. Entraînez votre oeil à relier et à suivre les masses claires dans le dessin. Faites de même avec les masses sombres; leur motif crée aussi des itinéraires pour l'œil.

Pas de lignes!

Aussi rapidement et simplement que possible, transposez la composition choisie sur une grande feuille de papier bond, manille ou mayfair. Tenez compte du format choisi (vertical ou horizontal) et de l'interaction des formes avec les limites du cadre.

Prenez vingt minutes pour élaborer les contrastes d'ombre et de lumière du croquis. Travaillez sans lignes, en faisant de grands marques floues avec le côté plat du fusain. Rappelez-vous que, dans un dessin en demi-tons, vous pouvez appliquer des pigments, effacer, superposer, estomper, fusionner, etc. N'ayez pas peur des gestes vigoureux. Laissez-vous aller, faites confiance à votre œil et à votre matériel. Si vous voyez un élément qui semble linéaire, décidez s'il s'agit de la rencontre de deux masses contrastantes ou plutôt d'une ligne distincte. Continuez à travailler en demi-tons. Voir Fig. 7-8.

PAUSE

5 minutes

Promenez-vous pour regarder les autres croquis.

Fig. 7-8
Francisco de Zurbaran
Moine
fusain vers 1600

EXERCICE 4
30 minutes

Il vous faut : contés noir et blanc et papier gris moyen.

Disposez les chevalets en demi-cercle autour du modèle, dont la tête est appuyée contre un mur. Éteignez les plafonniers et dirigez le spot pour créer des ombres et des lumières intéressantes sur le modèle et projeter une ombre allongée sur le mur d'un côté de sa tête.

Fermez un œil. Alignez le viseur sur le sujet et composez un arrangement centré sur l'ombre. Incluez le modèle, en tout ou en partie, mais pas au centre du cadre. Tenez le viseur avec votre main inactive et gardez ce cadrage jusqu'à ce que les principaux éléments soient esquissés en grand format sur votre feuille.

Notez la répartition des masses claires et sombres sur le modèle et sur le mur. Quel est le plus grand degré de contraste? Identifiez la valeur des tons : le plus clair, le plus foncé et l'intermédiaire. Établissez la distance des masses par rapport au spot, de la plus proche à la plus éloignée, et comment cela influence l'intensité de la lumière. Observez la transition entre le côté sombre du visage du modèle et le mur. Est-elle douce ou abrupte? Examinez aussi les contours de l'ombre projetée. Sont-ils définis ou confus, et à quel point? Tout en dessinant, questionnez-vous ainsi, cela vous aidera à aborder de façon critique la valeur des tons.

Jusqu'ici, vous n'avez travaillé que sur papier blanc ou, dans l'exercice avec la gomme (exercice 2), sur papier noirci. Dans les deux cas, vous avez commencé votre dessin avec un maximum de lumière ou d'ombre. Une approche différente consiste à dessiner sur papier gris, qui représentera le ton intermédiaire (gris moyen). On se sert des contés noir et blanc pour élargir la gamme de tons dans les deux directions, vers le blanc et vers le noir.

Commencez par étudier l'éclairage sur le sujet et trouvez les valeurs intermédiaires qui pourraient être représentées par le gris du papier. Dans ce cas-ci, le papier gris pourra rester vierge, ou légèrement coloré, là où vous repérez des valeurs intermédiaires. Pour traduire les ombres, utilisez des tons variés de conté noir et, pour communiquer différentes gradations de lumière, appliquez du conté blanc en couches plus ou moins épaisses. Notez la répartition des masses claires et sombres sur le modèle et sur le mur. Vous pouvez laisser autant de surface vierge que vous le désirez. Expérimentez. Voir Fig. 7-9.

PAUSE
10 minutes

Fig. 7-9
Jean-Baptiste Greuze
Étude de femme
conté vers 1790

EXERCICE 5
30 à 40 minutes

Il vous faut : même matériel que précédemment, plus conté brun ou sanguine.

Faites asseoir le modèle à environ un mètre du mur et placez le spot derrière lui, avec le rayon lumineux dirigé vers le mur. Pendant le jour, on peut aussi placer le modèle devant une fenêtre ensoleillée. Notre but est de créer un éclairage arrière qui laissera le devant du modèle dans l'ombre.

L'ombre profonde et la lumière forte obscurcissent les détails, il faut donc se concentrer sur les grandes masses de tons. Quand vous cherchez des motifs de masses claires et sombres, il est bon de fermer les yeux à demi, ce qui permet d'éliminer les détails distrayants. Avec ou sans le viseur, choisissez une composition et demandez-vous où placer la masse sombre du modèle en contraste avec le fond clair. Y a-t-il un halo de lumière réfléchie autour du modèle? Si oui, indiquez-le.

Avec ce dessin, essayez de créer une ambiance dramatique et imprégnez-vous de la sensation générée par la pose. Pendant que vous dessinez, reculez de temps en temps pour comparer l'ensemble de votre croquis avec le sujet. Ne perdez jamais de vue l'ensemble et ne vous laissez pas distraire par les détails. Considérez la proportion de la feuille laissée vierge et laissez plus ou moins de papier vierge que dans l'exercice précédent.

Utilisez le conté coloré pour donner un ton intermédiaire, comme le papier gris, et pour ajouter de l'intérêt aux tons moyens. Utilisez-le comme ton plutôt que comme couleur et appliquez-le là où vous voyez des valeurs intermédiaires.

Pour vous inspirer, étudiez les dessins en demi-tons du peintre Georges Seurat.

Fig. 7-10
Käthe Kollwitz
Autoportrait
lithographie 1927

TRAVAIL CHEZ SOI

30 minutes ou plus

AUTOPORTRAIT RÉALISÉ LE SOIR

Il vous faut : matériel au choix.

Assoyez face à une grande fenêtre sombre et faites des essais avec différents niveaux de lumière dans la pièce. Votre objectif est de voir votre silhouette et d'autres objets de la pièce reflétés dans la fenêtre. Observez l'arrangement global des masses, puis commencez un dessin en demi-tons.

Éliminez tous les détails distrayants et n'incluez que les éléments essentiels. Ne soyez pas précis; dessinez ce que vous voyez, ou voudriez voir, et non ce que vous pensez devoir rendre. Les formes sombres semblent reculer alors que les plus claires ont l'air d'avancer. Si des formes disparaissent dans l'obscurité, suivez-les dans l'ombre. Et si un contraste bondit en avant, accentuez-le. De temps en temps, reculez pour considérer la répartition d'ensemble des masses claires et sombres, et la manière dont elles créent des motifs qui guident l'oeil.

Pour changer l'ambiance et l'effet général de votre dessin, vous pouvez modifier la gamme de tons. Par exemple, si l'éclairage est trop cru et trop contrasté, vous pouvez l'atténuer en utilisant une gamme courte des tons intermédiaires subtils. Par contre, si votre sujet semble n'être que d'un gris moyen, vous pouvez le rendre plus dramatique en augmentant le contraste. Avec le temps et la pratique, vous comprendrez mieux les valeurs des tons, et votre expérience de leur utilisation dans vos dessins constituera une bonne préparation pour le travail en couleur.

Fig. 7-11
Lucien Freud
Femme au collier
fusain 1980

CHAPITRE 8
L'AMBIANCE ET LE CADRE

Fig. 8-1 Rembrandt *Étude* plume et bistre 1627

Ce n'est pas ce que vous voyez, mais ce que vous sentez qui rendra votre travail intéressant.
Vous pouvez regarder un objet et le voir, mais ce n'est rien. Par contre, vous pouvez regarder
quelque chose qui provoque une émotion en vous. Ça, c'est du sentiment! – William Morris Hunt

Afin de simplifier, nous avons observé le modèle de façon isolée dans les chapitres précédents. Dans la vie, toutefois, la plupart des personnes existent en relation avec d'autres gens, d'autres choses et d'autres endroits. Le cadre peut être un endroit donné ou un environnement observé, imaginé ou remémoré. Il peut être descriptif et expliquer le sujet ou évoquer simplement un état d'âme ou une ambiance.

PRÉPARATION
10 minutes

Reprenez l'exercice de textures du chapitre précédent. Ajoutez autant de marques linéaires intéressantes que possible, au-dessus, au-dessous et à côté des masses en demi-tons. Votre vocabulaire visuel inclut maintenant les lignes, les marques et les masses en demi-tons fusionnées et texturées.

Engagez un modèle détendu qui aime poser avec des accessoires colorés : vêtements, rubans, ballons, chapeaux, écharpes, banderoles, éventails et autres objets de nature morte (voir exercices 2 et 3). Vous aurez besoin d'une table et de quelques-uns de ces accessoires après l'exercice 1.

EXERCICE 1
30 minutes

Il vous faut : médiums secs, papier bond et viseur.

Première partie – 5 minutes

Demandez au modèle d'arpenter le studio pour trouver un endroit en relation avec un mur, une porte, une fenêtre, un paravent, un portemanteau, un chevalet ou tout autre grand objet. Placez-vous pour voir le modèle et le cadre autour de lui dans le viseur et choisissez une vue qui agrandit la tête du modèle pour qu'elle prenne plus d'importance. Concentrez-vous sur le modèle, mais incluez aussi des éléments du cadre dans votre petit carton (faites ce petit croquis, comme dans le chapitre 6 sur la composition).

Deuxième partie – 5 minutes

Diminuez l'importance du modèle.

Restez à la même place, mais déplacez le viseur afin de choisir un autre arrangement. Cette fois-ci, mettez l'accent sur le cadre et privilégiez des moyens qui diminueront l'importance du modèle.

Fig. 8-2
Andrew Wyeth
Étude pour
«Groundhog Day»
crayon 1959

Troisième partie – 20 minutes

Il vous faut : matériel au choix.

Élaborez votre deuxième composition. Commencez par établir rapidement la principale division spatiale, puis réalisez le croquis. Travaillez autour du modèle en vous concentrant sur l'élaboration du cadre. N'accordez qu'une importance secondaire au modèle, comme s'il se trouvait par accident dans le cadre. Voir Fig. 8-2.

PAUSE
5 minutes

Déplacez-vous dans l'atelier et regardez les croquis des autres.

EXERCICE 2
25 minutes

Il vous faut : matériel au choix.

Placez le modèle devant un fond texturé (bois, briques, tissu bigarré). On peut aussi imaginer une certaine texture ou s'inspirer d'une autre se trouvant dans une photo, un livre ou une revue. Dans ce dessin, donnez assez d'importance au traitement du fond.

Commencez par situer de façon générale le modèle, mais sans détails. Dessinez plutôt la texture du fond de manière élaborée en travaillant en direction des contours du modèle, qui sera représenté par une silhouette blanche sur la feuille. Ensuite, dessinez les masses en demi-tons du modèle. Accordez une attention spéciale à la façon dont les tons de la texture du fond et ceux du modèle se fusionnent. Ne laissez pas d'aura blanche (zone vierge) autour du modèle; fusionnez soigneusement l'image du modèle au fond en demi-tons dessiné en premier. Notre but avec ce croquis est d'incorporer parfaitement le personnage dans un cadre texturé. Voir Fig. 8-3.

Fig. 8-3
Andrew Wyeth
Série Helga
aquarelle 1950

PAUSE
10 minutes

Disposez les accessoires pour la prochaine pose.

Ne faites pas de distinction entre le modèle et le fond. Le modèle doit être parfaitement intégré au fond.

Notre but est d'entourer le modèle d'accessoires afin de générer une confusion visuelle d'éléments qui diminuera l'importance du personnage. En conséquence, le modèle sera intégré dans l'ambiance globale du décor; il se fondra dans le motif créé par les différents éléments. Il ne sera plus qu'une partie comme les autres de l'ensemble. Demandez au modèle de poser devant une surface (mur, paravent, panneau de liège ou tissu drapé solidement sur deux chevalets) où sont accrochés des objets légers, comme des tissus, des foulards, des banderoles, des rubans, des ballons, de la ficelle, de la laine, de la corde, etc. que vous fixerez d'un côté sur le modèle et de l'autre au fond. Il faut que les objets relient visuellement le fond et le modèle de façon tout à fait naturelle. Recouvrez en partie la tête du modèle avec un voile, un foulard léger ou un chapeau pour cacher certains de ses traits. L'utilisation d'un spot pour l'éclairage est facultatif.

EXERCICE 3
30 minutes

Il vous faut : matériel au choix et viseur.

Vue du modèle de face ou à 45 degrés, de la gauche ou de la droite.

Pointez le viseur autour de vous, en observant différents cadrages qui incorporent le modèle dans le décor. Choisissez une composition et commencez tout de suite à dessiner, sans faire de petit croquis préparatoire, mais en conservant l'idée de la composition. Ne faites pas de distinction entre le modèle et le fond. Le modèle fait partie du fond; intégrez donc le sujet au contexte. Dessinez en demi-tons en incorporant les lignes, les marques et les textures.

PAUSE
5 minutes

Faites le tour de l'atelier en examinant les autres croquis.

Fig. 8-4
Bill Sullivan
Brunette
pastel à l'huile et
crayon de couleur 1978

EXERCICE 4
30 minutes

LE MODÈLE COMME NATURE MORTE

Il vous faut : matériel au choix.

Demandez au modèle de s'asseoir confortablement sur le sol, sur un tabouret bas ou sur une chaise. Il faut que sa tête soit à la même hauteur que les objets sur la table. Composez une nature morte avec, par exemple, des bouteilles, des paniers, des ballons, des fruits, des jouets, des plantes, des fleurs, des bottes, des chapeaux, des supports de perruques en forme de tête, etc. Disposez les objets sur la table en entourant la tête du modèle. Il faut que la tête du modèle se fonde dans l'ensemble d'objets inanimés. Utilisez un éclairage général sur toute la composition, avec un spot dirigé sur la nature morte, mais pas spécifiquement sur la tête du modèle.

Commencez à exécuter un dessin avec un centre vide. C'est-à-dire que vous déplacez votre viseur jusqu'à ce que vous obteniez un espace négatif au milieu du cadre, entouré de tous côtés d'objets (incluant la tête du modèle) de la composition. Pendant que vous travaillez, laissez votre regard et votre attention glisser de la tête du modèle aux autres objets. Focalisez sur tous les éléments et accordez-leur tous un statut d'égale importance.

PAUSE
5 minutes

Regardez les dessins des autres.

EXERCICE 5
30 minutes

Il vous faut : contés blanc, orange et noir sur papier gris.

Demandez au modèle de porter un costume et/ou du maquillage qui décorent sa tête et le haut se sa poitrine et de s'asseoir confortablement devant un fond peu détaillé. Ensuite, observez-le et imaginez-le dans un paysage ou un décor qui se rapporte au costume ou au maquillage qu'il porte ou à l'ambiance de la pose. Repérez dans l'atelier des objets, des formes ou des textures qui vous plaisent et transposez-les visuellement dans votre composition. Concevez votre composition en donnant une place proéminente au modèle. Utilisez un spot pour éclairer et élaborez votre dessin avec un matériel au choix. Voir Fig. 8-5.

Fig. 8-5
Kâthe Kollwitz
Autoportrait à table
gravure et aquatinte
1893

TRAVAIL CHEZ SOI

30 minutes à 3 heures

Il vous faut : matériel au choix

Prenez un des croquis élaboré sans fond d'un des exercices précédents. En travaillant sur le dessin original et en ajoutant des formes ou des textures, développez un cadre autour du sujet. Vous pouvez suppléez des éléments imaginaires ou utiliser d'autres éléments visuels, comme des images imprimées, des textures organiques ou des frottis.

Un frottis est un transfert de la texture de certains objets sur une feuille de papier. Placez une feuille de papier à croquis par-dessus du bois à gros grain, une grille métallique, une semelle de chaussure texturée, une surface de pierre tombale, une pièce de monnaie, un moustiquaire, etc. Puis, avec un conté ou un fusain comprimé, frottez sur le papier et vous verrez apparaître la texture qui est au-dessous. Faites des essais avec différentes textures avant d'effectuer un frottis sur votre croquis.

Ajoutez un fond au croquis, en adaptant et en changeant le dessin original pour accommoder les éléments additionnels.

Fig. 8-6
Holbein le Jeune
Portrait d'un inconnu
craie et plume vers
1500

CHAPITRE 9
LES MÉDIUMS À L'EAU

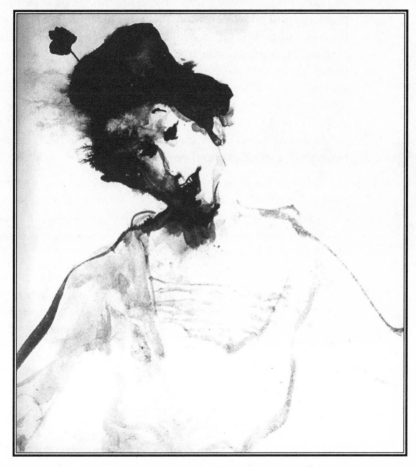

Fig. 9-1 John Gould *Étude de BIP* encre

La spontanéité et la fraîcheur sont des qualités inestimables en dessin. Essentiellement, celles-ci reposent sur la conception et la performance du dessinateur; il semble, toutefois, que le pinceau a une tendance à la spontanéité et qu'il encouragera donc fréquemment un artiste à une réponse plus libre et plus directe en dessinant... Nous savons que chaque instrument, chaque médium possède sa propre voix. La connaissance des moyens matériels devraient découler d'un contact direct avec eux, en utilisant un médium particulier en rapport avec les problèmes visuels et en voyant où il mène. Les matériaux eux-mêmes auront une disposition ou une inclination, à nous de trouver notre propre relation avec cette propension naturelle. – Edward Hill

Jusqu'ici nous avons travaillé avec des médiums secs (fusain, craie, crayon), les plus utilisés pour le dessin. Les médiums à l'eau (encre, aquarelle, gouache), toutefois, sont aussi des instruments traditionnels de dessin. L'encre est une solution qui ressemble à une teinture puisque les pigments y sont complètes dissous, à l'inverse de la peinture où les pigments sont en suspension. L'encre séchée peut être soluble dans l'eau (ce qui signifie qu'on peut la «délaver» une fois sèche) ou permanente (ce qui donne une surface qui résiste à l'eau, une fois sèche). On ne doit pas confondre cette particularité avec la résistance à la lumière qui indique le degré de résistance de l'encre à la lumière. La résistance à la lumière et la solidité de la couleur des encres et des peintures sont habituellement inscrites sur l'emballage et ont une incidence sur le prix du produit. Les encres résistantes à la lumière peuvent être solubles dans l'eau ou non.

Les plumes anciennes étaient faites avec des plumes d'oie, du bambou ou des roseaux. Puis, sont apparues les plumes en métal. Dans tous les cas, le bec (plume, roseau ou métal) était façonné avec un bout pointu ou carré et une entaille verticale au milieu pour retenir le liquide (voir la liste du matériel au chapitre 1).

On peut appliquer l'encre avec une plume, un pinceau ou d'autres instruments moins conventionnels. Une encre non diluée donnera des empreintes foncées et saturées; quand on la dilue à différents degrés de consistance, par contre, elle devient claire et transparente. On appelle habituellement «lavis» une couche lisse d'encre appliquée au pinceau, qui se marie bien avec des marques d'encre à la plume.

Les papiers absorbants ou non, lisses ou texturés, auront des effets différents sur la manipulation de l'encre et son apparence. Voir Fig. 9-2, un dessin à la ligne exécuté à la plume et à l'encre.

La Fig. 9-1 est un lavis au pinceau et à l'encre, auquel on a ajouté des marques à l'encre. Le contraste entre le lavis et les marques est très séduisant.

La Fig. 9-4 est un exemple de lavis à l'encre par Leonard Baskin. L'encre n'y est presque pas diluée et paraît opaque et foncée. La petite proportion de la surface blanche laissée vierge confère une intensité dramatique au dessin.

Les dessins à l'encre traditionnels sont souvent bruns (encre bistre ou sépia); de nos jours les couleurs résistantes à la lumière sont disponibles dans plusieurs coloris.

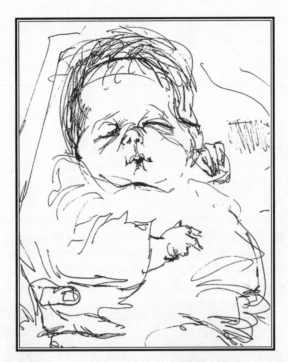

Fig. 9-2
John Gould
Maria Gould
encre 1959

Fig. 9-3
Édouard Vuillard
Mme Vuillard chez elle
encre et aquarelle
1894

EXERCICE 1

Il vous faut : encre, plumes, pinceaux et autres objets divers de la liste du matériel au chapitre 1.

Travaillez à plat sur une table avec du papier mayfair ou manille, en utilisant les deux côtés de la feuille.

LES MARQUES

Trempez la plume, le bâtonnet aiguisé ou la plume d'oie dans l'encre, en égouttant bien. S'il y a une entaille verticale dans le bec, la plume retiendra assez d'encre. Faites quelques marques sur le papier pour voir la quantité d'encre disponible et l'effet des pressions différentes sur le bec. Si vous avez des becs de plusieurs largeurs, essayez-les tous. Si vous avez des plumes d'oiseau (bout soyeux), bâtonnets, peignes, tissus, etc., trempez-les dans l'encre puis traînez-les sur le papier; tout instrument trempé dans l'encre peut être utilisé pour créer des marques.

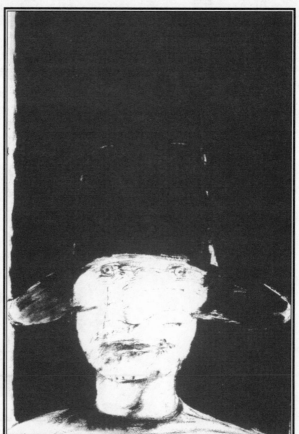

Fig. 9-4
Leonard Baskin
Artiste solitaire
encre 1969

LES LAVIS

Quand les marques et les lignes sont secs, prenez des pinceaux souples et raides, des éponges et des tissus. Préparez aussi de l'encre de plusieurs consistances différentes dans des plateaux à glaçons ou d'autres contenants en déposant des gouttes d'encre dans de petites quantités d'eau. Par exemple, prenez 30 ml d'eau et ajoutez-y une ou deux gouttes d'encre au compte-gouttes. Cela devrait donner une solution intermédiaire; ensuite, pour la rendre plus claire ou plus foncée, ajoutez-y de l'eau ou de l'encre.

Mélangez d'abord des solutions claires, intermédiaires et foncées. Trempez le pinceau dans la solution claire et passez-le sur certaines des marques foncées sèches que vous avez faites dans la première partie de l'exercice. Observez l'effet visuel des marques foncés avec les lavis clairs. Pratiquez différentes techniques en utilisant tous vos pinceaux et toutes vos éponges. Servez-vous des pinceaux et des éponges très mouillés, ou presque secs, et notez les différences d'effets. Appliquez les lavis sur vos marques en égouttant, tamponnant, effleurant ou frottant l'encre, puis continuez avec différentes solutions et superpositions d'encre.

Fig. 9-5
Vincent Van Gogh
Portrait de Patience Escalier
crayon, plume,
plume de roseau et
encre sépia 1888

Appliquez des lavis de différentes solutions d'encre sur une feuille de papier mayfair. Sur ces lavis presque secs, faites toutes sortes de marques à la plume, au bâtonnet, etc. en utilisant une solution concentrée d'encre foncée. L'encre plus concentrée fait-elle des bavures sur le papier, et combien de temps faut-il aux lavis pour sécher? Des papiers moins absorbants comme le mayfair ont tendance à boursoufler, et le liquide s'y accumule en flaques sur la surface; servez-vous donc de moins d'encre et épongez de temps en temps. Le papier manille est beaucoup plus absorbant et produit un effet différent. Les marques y sont tout de suite visibles et on ne peut pas les effacer. Rappelez-vous aussi que ces papiers se détériorent avec le temps, mais ils conviennent bien aux travaux d'élèves.

EXERCICE 2

Fig. 9-6

Les couleurs à l'eau, comme l'aquarelle et la gouache, sont préparées avec des ingrédients moulus (minéraux, insectes, plantes, couleurs artificielles, etc.). Ces ingrédients sont mélangés à des liants : gommes, colles, amidons ou résines. On peut diluer ces couleurs avec plus ou moins d'eau et on les applique avec des pinceaux ou d'autres instruments. L'aquarelle donne des lavis transparents, alors que la détrempe et la gouache produisent des consistances plus opaques. Elles se vendent en tubes ou en pastilles, et on peut les mélanger sur des palettes blanches imperméables ou des plateaux à alvéoles (en plastique, en porcelaine ou en polystyrène).

Si vous vous servez de couleurs en tubes, pressez-en une longueur de ½ à 1 cm sur une palette et ajoutez-y au pinceau une petite quantité d'eau. Appliquez ensuite des marques et des lavis sur des papiers mayfair et manille, ce qui vous familiarisera avec les surfaces non absorbantes et celles plus absorbantes.

Les couleurs à l'eau, à l'inverse des encres permanentes, restent solubles dans l'eau et peuvent être «couler», même après avoir séché sur le papier. C'est pourquoi vous éviterez de toucher les zones qui n'ont pas besoin de retouches. Par contre, vous diluerez, gratterez ou retravaillerez celles que vous voulez modifier. Essayez des couches de couleurs superposées transparentes ou plus opaques. Obtenez un effet intéressant en grattant avec un instrument pointu les zones opaques pour faire ressortir le blanc du support, mais ces égratignures sont définitives, toutefois.

Votre répertoire d'interventions peut être diversifié. Vous pouvez ajouter des couches fines ou épaisses de couleurs et différentes marques, effacer ou gratter les médiums à l'eau, etc. Servez-vous aussi de l'endos des feuilles et, après, comparez ces expériences avec vos tests à l'encre. Il est important de tenir compte des qualités suivantes : la transparence, l'opacité, la gradation des tons et la variété des marques.

Fig. 9-7
Joanna Nash
Musicien beauceron
aquarelle 1983

LES ŒUVRES COMPOSITES

Afin de savoir quels médiums peuvent être mélangés avec succès et lesquels, par contre, sont incompatibles, il faut se livrer à plusieurs expériences. Pour cela, prenez tout votre matériel : fusains, contés, pastels, mines graphite, craies de cire, encre, gouache, aquarelle, instruments de toutes sortes et différents types de papier. Dans ces essais, ayez l'invention et la découverte comme buts, sans vous limiter quant aux combinaisons possibles. Par exemple, superposez des lavis sur des marques et vice versa : de l'encre sur du fusain ou du conté, des craies de cire ou des pastels sur de l' encre ou des couleur à l'eau, etc. La cire, sous l'encre ou la peinture, agit comme protecteur et empêche celles-ci d'être absorbées par le papier.

Notez les combinaisons de matériaux et de techniques qui produisent les meilleurs effets. Découvrez et inventez des marques et des applications de couleurs que vous pourrez utiliser dans vos dessins et vos peintures. Prenez note de tous les résultats et commencez à départager ceux que vous voudrez reprendre sur de nouvelles feuilles.

On peut tenter tout mélange de médiums qui n'endommage pas le papier. La térébenthine et les peintures à l'huile abîment la plupart des papiers, à moins qu'on n'applique d'abord une ou deux couches de colle ou de gesso (acrylique) . Pour une meilleure conservation de l'œuvre, appliquez ces apprêts des deux côtés du support (papier).

CHAPITRE 10
SAISIR L'INSTANT PRÉSENT

Fig. 10-1 Marc Chagall *Pour Charlie Chaplin* plume et encre sur papier 1929

Des enfants étaient assis sur les marches d'une église... je recommençai de nouveau. Puis leur mère les appela. Mon carnet était rempli de fragments de nez, de fronts et de boucles de cheveux. Je décidai qu'à l'avenir je ne retournerais pas chez moi sans avoir complété mon dessin; et, pour la première fois, j'essayai de travailler dans la masse avec un dessin rapide, le seul qui soit possible. Je m'habituai à observer un groupe d'un coup d'œil; s'il ne restait en place qu'un court laps de temps, je capturerais ainsi au moins son caractère. — Camille Corot

Jusqu'ici, nous avons observé des modèles dans un atelier où nous pouvions contrôler la situation et les conditions. Mais l'artiste accompli doit pouvoir se servir du monde entier comme atelier et utiliser n'importe qui comme modèle. Pour cela, il faut s'aventurer sur les places publiques et dans les cafés, les gares, les parcs, etc. avec des crayons et un carnet de croquis toujours prêts.

Travailler en extérieur est très stimulant mais cela pose plusieurs défis, surtout en ce qui concerne le mouvement. Constamment, les personnes changent de positions, tournent la tête, regardent par-dessus l'épaule, puis disparaissent dans la foule. Ce chapitre vous aidera à mieux vous débrouiller dans des situations spontanées. Pour s'y préparer, il faut d'abord exécuter en atelier certains exercices qui recréent les conditions du monde extérieur. Deux modèles sont nécessaires pour cette séance, de préférence des acteurs ou des danseurs qui sont à l'aise ensemble et dont au moins un aura les cheveux longs. Vous aurez aussi besoin d'un ventilateur, de deux verres, de la gomme à mâcher, etc.

MISE EN FORME

Faites quelques exercices avec les mains et les bras.

EXERCICE 1
20 minutes

LES RELATIONS SPATIALES

Il vous faut : graphite, papier bond et viseur.

Disposez les chevalets en un grand cercle avec, au centre, les deux modèles à qui vous demanderez de changer la distance qui les séparent l'un de l'autre à chacune des dix poses de deux minutes. Cette distance variable peut être à la verticale ou à l'horizontale; ainsi, l'un des deux peut s'asseoir de temps en temps pendant que l'autre reste debout. Au début de chaque pose, regardez à travers le viseur et évaluez les dimensions de l'espace qui sépare les modèles. Puis choisissez de placer votre feuille à la verticale ou à l'horizontale. Indiquez-y l'emplacement des principales masses avec un minimum de détails, en mettant l'accent sur l'espace entre les modèles. Si les deux sont assez éloignés l'un de l'autre, dessinez-les assez petits pour qu'ils puissent entrer (avec l'espace entre eux) sur votre papier. Par contre, si leurs têtes sont rapprochées, agrandissez-les pour occuper toute votre surface de dessin.

Fig. 10-2
Alfred Kubin
Homme et femme
se parlant
dessin au crayon

PAUSE
5 minutes

Quand vous dessinez deux ou plusieurs personnes, considérez la position des unes par rapport aux autres. Le genre de distance entre les modèles peut constituer un aspect important du dessin. On peut interpréter cette distance comme un espace physique (voir l'exercice précédent) ou comme un espace affectif, qui communique une relation d'intimité, d'aliénation, etc.

EXERCICE 2
40 minutes

Il vous faut : matériel au choix et viseur.

Demandez aux modèles de prendre deux poses de vingt minutes chacune qui exprimeront des émotions spécifiques : conversation, discussion, étreinte, confrontation, etc. Dans chaque cas, il suffit d'un minimum de gestes pour symboliser la situation de la pose.

Abordez chaque pose en vous demandant ce que les modèles font et remarquez leur proximité physique l'un par rapport à l'autre. Vous pouvez augmenter ou diminuer leur taille et l'espace qui les sépare afin d'accentuer l'interaction entre les deux. Ensuite, travaillez rapidement pour indiquer les espaces positifs et négatifs et pour esquisser les modèles de façon différente dans chaque pose. Par exemple, dans la pose numéro 1, interprétez un modèle à la ligne et l'autre en demi-tons; puis, dans la pose numéro 2, rendez un modèle de façon nette et précise, et l'autre avec des tons doux et estompés. Relevez une caractéristique physique ou psychologique qui vous guidera dans le traitement à donner à chacun.

Fig. 10-3
Kâthe Kollwitz
Mère et enfant
lithographie 1931

PAUSE
10 minutes

Promenez-vous dans l'atelier et observez les croquis des autres. Si l'un d'eux vous plaît, demandez-vous ce que aimez dans ce dessin et comment l'élève a obtenu ce résultat.

EXERCICE 3
20 minutes

LE MOUVEMENT

Il vous faut : matériel au choix.

> *Notre intention, est de montrer une longue chevelure en mouvement plutôt qu'une copie conforme du modèle.*

Faites poser le modèle aux cheveux longs pendant que l'autre se repose. À côté et un peu en arrière du modèle, placez un ventilateur sur un tabouret ou une chaise pour créer un déplacement d'air qui soulèvera sa chevelure.

Notez l'énergie des cheveux en mouvement et comment elle modifie les traits du modèle, en les cachant ou en les encadrant, par exemple. Dessinez ce mouvement en laissant vos gestes se répercuter sur les marques. Notre intention avec cette pose est de montrer une longue chevelure en mouvement plutôt qu'une copie conforme du modèle.

PAUSE
5 minutes

Passez en revue les dessins de tous les participants.

EXERCICE 4
20 minutes

LA RÉPÉTITION D'UNE ACTION

Il vous faut : matériel au choix.

Alternez les modèles, pour qu'ils se reposent après chaque pose. Pour cette pose, demandez au modèle de mimer de petites actions répétitives qu'on voit habituellement dans des endroits publics (manger, boire, fumer, écrire, tourner la tête, etc.)

Pendant les premières secondes de la pose, observez et déterminez la nature de l'action, et surtout son rythme, en la laissant influencer votre manière de dessiner. Faites écho à son mouvement dans vos gestes et vos marques, et dans la vitesse et l'énergie de vos coups de crayon. Dessinez de façon fluide et flexible en vous rappelant le dessin des «masques» (exercice 5 et 6 du chapitre 5). Laissez-vous aller, immergez-vous dans l'action et réagissez intuitivement et physiquement. Limitez-vous à dessiner les actions du modèle et non son apparence physique.

Fig. 10-4
Kay Aubanel
Ronde
conté 1989

PAUSE
5 minutes

EXERCICE 5
25 minutes

Il vous faut : matériel au choix et papier bond.

Demandez aux deux modèles de prendre des poses différentes en laissant de l'espace entre eux, l'un assis sur une chaise et l'autre debout ou appuyé contre un mur ou une table. Ces poses devront permettre une image en miroir. Par exemple, si un modèle croise les jambes d'un côté, il peut les croiser de l'autre côté à tous les cinq minutes. Ou il se tournera vers la gauche et, cinq minutes après, vers la droite, etc.

Dessinez un seul modèle; continuez le même dessin même après les changements aux cinq minutes.

Dans les endroits publics, les personnes reprennent souvent les mêmes poses, à gauche puis à droite. Je les ai souvent observé décroiser les jambes, puis les recroiser de l'autre côté lorsqu'elles sont fatiguées. Ou bien, elles s'appuient d'abord sur un bras et, ensuite, sur l'autre. Il s'agit d'images en miroir. Vous ne dessinez qu'un seul des modèles et vous continuez le même dessin quand les changements se produisent après cinq minutes. L'image en miroir, même inversée, présente la même information; la pose n'a donc pas vraiment changé, et vous pouvez continuer à observer et à dessiner. Si ce changement vous impatiente ou vous trouble, rappelez-vous que la première pose reviendra dans cinq minutes. Sur la place publique, les personnes bougent constamment, et c'est l'artiste capable de s'adapter à ce mouvement perpétuel qui réalisera des portraits intéressants. Cet exercice vous aidera donc à développer votre mémoire visuelle.

PAUSE
5 minutes

Promenez-vous dans l'atelier et regardez le travail des autres.

EXERCICE 6
20 minutes

Il vous faut : matériel au choix.

Demandez à un modèle de s'asseoir sur une chaise au milieu du cercle de chevalets et de chaises des participants.

Si le défi posé par l'exercice précédent vous a intéressé, vous aimerez celui-ci. Après avoir posé cinq minutes, le modèle s'en ira et sera remplacé par l'autre modèle, qui prendra la même pose sur la chaise. Après cinq minutes, celui-ci cédera sa place au premier, et ainsi de suite. Ainsi, durant l'exercice, chaque modèle posera deux fois. Continuez à travailler le croquis original en élaborant, en adaptant et en changeant ce que vous voulez. Réagissez de façon positive à la situation en choisissant la meilleure technique pour développer le dessin d'un modèle ou de plusieurs, selon le cas.

Quand je réalise des croquis dans un endroit public, et que mon modèle s'en va, je tourne habituellement la page et je dessine quelqu'un d'autre. Mais, parfois, j'adapte mon premier sujet à un autre, ou je termine mon portrait de mémoire en utilisant des détails observés chez d'autres personnes. Un artiste capable de s'adapter à de telles situations changeantes ne manquera jamais de modèles croqués sur le vif dans leur «habitat naturel».

Fig. 10-5
Honoré Daumier
Étude de deux hommes
plume et lavis

TRAVAIL CHEZ SOI

*30 minutes
à 3 heures*

Si vous disposez d'un modèle à la maison, demandez-lui de poser pendant qu'il est en train de lire ou de regarder la télévision. Ou faites un autoportrait. Passez un certain temps à travailler ce portrait, puis ajoutez-en un autre, en relation spatiale avec le premier. Considérez avec soin comment le nouveau personnage s'insère dans la composition existante et dans quel plan (profondeur) vous le placez : au premier plan, au second plan ou à l'arrière-plan (c'est-à-dire devant, à côté ou derrière le premier portrait). Les différents plans ont un effet sur la taille des formes du dessin; une forme au premier plan est plus grande que celle placée au second plan, et une forme à l'arrière-plan est plus petite que celle placée au second plan.

Observez des groupes de personnes dans des livres, des revues ou des journaux, sur des photographies ou à la télévision et remarquez comment la taille d'une personne varie selon sa position par rapport aux autres membres du groupe.

Vous pouvez aussi essayer des alternatives à l'usage conventionnel de l'espace et des proportions. Pour vous aider à comprendre ces façons différentes de rendre la réalité, regardez les oeuvres des peintres Marc Chagall et René Magritte. Notez leur manière de composer leur espace et leurs formes, et les libertés qu'ils prennent avec la perspective conventionnelle.

CHAPITRE 11
UN MONDE À DESSINER

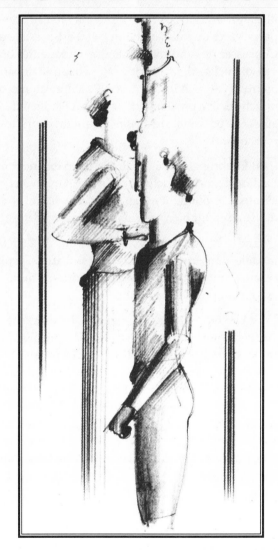

Fig. 11-1 Oskar Schlemmer *Trois personnes* dessin au crayon et à la plume 1931

Sur le chemin de l'école, j'étudie avec grand plaisir les physionomies, en essayant de trouver rapidement leurs caractéristiques. Quand je parle à quelqu'un, j'observe en vitesse le genre d'ombre que son nez projette, et comment l'ombre profonde de la joue contraste fortement avec la lumière puis se fond avec elle. – Paula Modersohn-Becker

Exécuter des croquis en extérieur est une aventure qui requiert de la confiance et de la subtilité. Votre nécessaire de base doit comprendre un carnet de croquis à reliure spirale de 12,5 cm sur 20 cm, de petits crayons (plus discrets), un aiguisoir et une gomme à effacer.

Plusieurs endroits publics se prêtent bien au croquis (restaurants, cafés, parcs, gares ou salles d'attente), et il est possible de s'y asseoir. Choisissez des endroits publics très fréquentés où les gens passent, s'assoient, lisent, mangent... On peut aussi dessiner dans l'autobus, le métro et l'auto. À la longue, on s'habitue au mouvement du véhicule en marche et à la proximité des autres. Le milieu de travail et l'école offrent aussi des occasions de dessin durant les cours, les conférences, les réunions, etc.

Il est important d'intégrer le dessin en extérieur à votre horaire, pour qu'il devienne une activité normale et que vous vous y sentiez à l'aise. Il est aussi absolument nécessaire d'être discret et de s'asseoir assez près des sujets pour bien voir, mais sans attirer l'attention.

Quand vous commencez, assoyez-vous de 2,5 à 6 mètres de votre modèle, dans un angle de 45 degrés. Parfois, je place mon carnet de croquis contre un sac à dos ou un porte-documents pour lui servir d'appui et pour le dissimuler.

Lorsque vous êtes installé, regardez les différentes personnes autour de vous et trouvez un modèle assis et détendu, dont vous pouvez vous rapprochez assez pour le dessiner. Les premières fois, il vaut mieux choisir quelqu'un qui est occupé à lire, à penser ou à parler. Placez-vous et commencez un croquis. Rappelez-vous des exercices précédents et regardez le modèle, puis votre feuille. Efforcez-vous de ne pas dévisager fixement le modèle. Ne prenez pas trop de temps non plus pour réfléchir et planifier; foncez plutôt et dessinez tout de suite. Travaillez vite, puisque vous ne pouvez prédire le temps dont vous disposez. Plus vous dessinerez rapidement, et plus votre attention sera concentrée.

Si la personne que vous dessinez s'en va, tournez la page, cherchez quelqu'un d'autre et commencez un autre croquis. Observez vos sujets de près : physique, position, expression, vêtements, entourage, etc. Votre croquis doit raconter leur histoire.

Il faut un certain temps pour s'habituer au petit format du carnet et aux mouvements restreints des mains qu'il exige, et pour réaliser des croquis vivants et gestuels. Il faut beaucoup de pratique pour s'adapter à cette technique et plus, vous serez sûrs de vous, plus vos croquis sembleront convaincants.

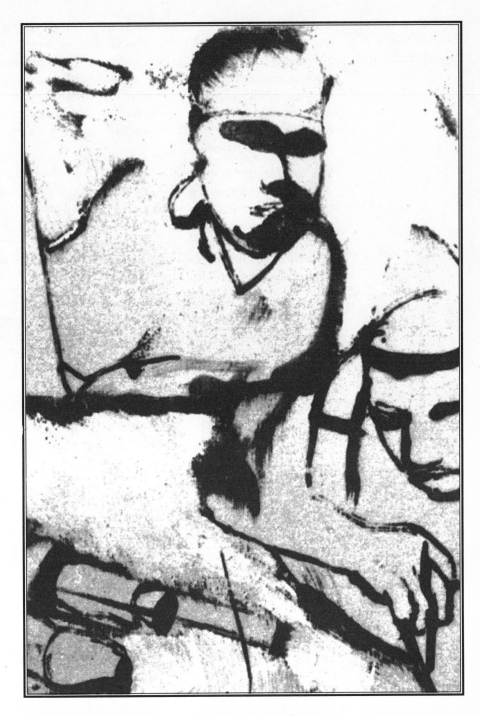

Fig. 11-2 R.B. Kitaj *Kennst Du das Land* (détail) 1962

Travaillez vite et discrètement...

Laissez-vous absorber par l'activité du dessin en utilisant les méthodes que vous avez pratiquées : la ligne pour indiquer les formes de base, le rythme et le mouvement, les demi-tons pour rendre les masses claires et sombres et pour mettre en valeur la densité et le volume. Pour certains croquis, choisissez un point central et élaborez-le pendant que vous dessinez, alors que pour d'autres, n'établissez pas de centre à l'avance et constatez ce qui se produira. Demandez-vous ce que votre modèle regarde et ce qu'il pense.

Si le modèle change de position, tout n'est pas perdu; observez cette nouvelle position, puis adaptez-y votre croquis, ajoutez un autre personnage à votre composition ou tournez la page et recommencez. Si la personne revient à sa première pose, revenez au dessin original et continuez-le. Si, par contre, le modèle s'en va, finissez le croquis de mémoire ou commencez-en un autre, ou bien trouvez un autre sujet pour compléter le croquis.

On peut dessiner des groupes de personnes en utilisant certaines des méthodes décrites au chapitre 9. Définissez d'abord la composition générale des formes et de l'espace. Puis dessinez la forme globale du groupe et subdivisez-la en parties et en composantes individuelles. Inventez, éliminez, modifiez, faites tout ce que vous voulez, il n'y a pas de règles ou de limites à votre interprétation de la réalité. Travaillez rapidement et discrètement, en devenant comme un caméléon qui se confond avec son milieu et que personne ne remarque.

Si votre sujet s'aperçoit que vous le regardez, détournez les yeux. Mais si votre modèle vous semble mal à l'aise, il vaut mieux vous arrêter un moment et, peut-être, commencer un autre dessin ou, même, vous installer à un autre endroit. Si vous retournez son regard, vous invitez un contact social, et ce n'est pas votre but. Si on vous adresse la parole, soyez aimable et dites que vous êtes un élève en train d'exécuter des travaux scolaires. Si vous n'encouragez pas la conversation, les curieux perdent habituellement intérêt et s'en vont.

J'ai appris par expérience que, dans les endroits publics, la plupart des personnes ne remarquent pas quelqu'un qui les dessinent ou, alors, cela ne les dérangent pas. Rappelez-vous qu'il n'est pas interdit de dessiner les gens dans un endroit public, et que les artistes se sont adonnés à cette activité depuis des siècles.

Apportez votre carnet de croquis avec vous aussi souvent que possible, car il est très frustrant de rencontrer des sujets intéressants et de ne pas pouvoir les dessiner.

CHAPITRE 12

PERSPECTIVES

Fig. 12-1 Kay Aubanel *Jessie* fusain et pastel 1989

On n'a jamais vu de grand artiste qui se soit arrêté de dessiner. Rembrandt dessinait encore vingt jours avant sa mort, afin de pouvoir mieux peindre. – John Sloan

Comme professeur, j'ai connu des élèves qui plafonnent à un certain niveau dans le dessin de modèle vivant et qui refont constamment des croquis semblables. Cela leur donne peut-être un sentiment de sécurité, parce que cela ne les oblige pas à une recherche fouillée de l'inconnu. Les artistes, toutefois, ont besoin de se développer et d'approfondir leur techniques avec de nouvelles expériences. Une façon d'y parvenir est de retravailler de vieux croquis pour générer de nouvelles idées.

Même si l'élaboration de vieux croquis ne constitue pas une expérience sur le vif comme le travail avec des modèles vivants, cela fait travailler l'imagination. Regardez de nouveau certaines de vos esquisses de portraits et choisissez celles que vous considérez inachevées; ne modifiez pas ceux qui vous satisfont. Quand vous retravaillez un de vos dessins, vous pouvez choisir de continuer avec la démarche initiale ou, encore, d'aller dans une toute autre direction. En approchant cette recherche comme un processus ouvert, peut-être vous surprendrez-vous et ferez-vous des découvertes intéressantes.

EXERCICE 1 — L'ÉLABORATION

Il vous faut : matériel de dessin (sec et à l'eau) au choix et vieux croquis.

Comme dans le travail chez soi du chapitre 10, ajoutez d'autres personnages ou visages au croquis inachevé : effacez des parties, utilisez des médiums différents, ajoutez ou éliminez le fond, élaborez les images existantes. Laissez les images apparaître, puis disparaître et réapparaître de nouveau. Amusez-vous. Le but n'est pas de «finir» le dessin, mais plutôt de faire des découvertes et des inventions qui proviennent du dessin original. Ne vous en faites pas si votre travail d'élaboration vous entraîne dans une autre voie, et que vous perdez toute référence à l'image de départ. Laissez le dessin suggérer ce qu'il lui faut.

EXERCICE 2 — LE COLLAGE (papier collé)

Il vous faut : vieux croquis, grande feuille de papier mayfair blanc, matériel de dessin (sec et à l'eau) au choix, colle et découpures de toute provenance (revues, vieilles photographies, journaux, étiquettes,

Fig. 12-2 Lucas Cranach l'Aîné *Étude* vers 1400

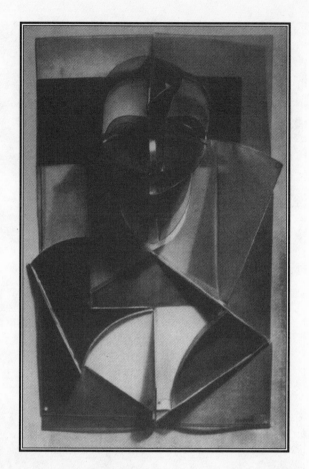

Fig. 12-3
Antoine Pevsner
*Portrait de
Marcel Duchamp*
1926

papiers d'emballage, lettres, partitions musicales, tissus texturés, papier d'aluminium, etc. En fait, tout ce qu'on peut coller sur une surface de papier).

La technique utilisée pour cet exercice consiste à coller des papiers ou des objets plats sur une surface pour créer une image ou un motif. Les artistes italiens du quinzième siècle incorporaient des morceaux d'objets de verre et de métal dans leurs peintures, mais ce sont deux peintres du vingtième siècle œuvrant en France, Georges Braque et Pablo Picasso, qui ont le plus élaboré et popularisé le collage.

Commencez par déchirer ou découper certains des visages et des personnages de vos vieux croquis, que vous disposerez, après plusieurs essais, sur le papier mayfair blanc. Ajoutez des découpures et réarrangez tous ces éléments jusqu'à ce vous remarquiez des interactions potentiellement intéressantes. Vous pouvez alors coller les différents morceaux en place. Ensuite, prenez un peu de recul et voyez comment vous pourriez incorporer des éléments de dessin, comme des marques au crayon ou au fusain et des lavis d'encre ou d'aquarelle.

Dessinez ou peignez par-dessus les morceaux du collage pour compléter les thèmes de la composition ou pour en introduire de nouveaux. Les lavis à l'encre et à l'aquarelle ainsi que les marques de graphite et de craie ajoutés aux textures des papiers collés commencent à s'accumuler sur la surface et peut-être à suggérer une profondeur. On peut répéter le processus, en collant d'autres découpures sur les parties dessinées, puis en dessinant de nouveau sur le collage.

Avec le temps et la pratique, vous comprendrez mieux le principe du collage. Il peut être une technique spontanée et expressive ou la lente élaboration d'une idée. Lorsque la recherche est effectuée de manière ouverte, tout devient possible. Ce ne sont que l'artiste et le matériel qui peuvent poser des limites. Si votre exploration vous entraîne vers une représentation non reconnaissable de la réalité, acceptez ces changements et ces distorsions. Vous trouverez peut-être satisfaisante cette représentation «abstraite», mais vous pourrez toujours revenir avec votre dessin à un style concret. Le processus normal du dessin est de créer une image, de la perdre, de la retrouver, etc.

Faites confiance à vos impulsions créatrices et amusez-vous.

QUELLE APPROCHE CHOISIR?

Il n'existe pas de recette établie pour acquérir une bonne formation en art; les personnes qui veulent devenir artistes ont la responsabilité de s'informer des possibilités et de choisir celles qui leur conviennent.

Au Moyen Âge, un jeune qui voulait devenir artiste s'engageait comme apprenti dans l'atelier d'un maître qui, avec ses assistants, lui enseignait les techniques du métier : dessin d'après des plâtres, d'abord, puis des modèles vivants et, enfin, des paysages. L'apprentissage durait de cinq à six ans. Pendant qu'il apprenait son métier, l'apprenti devait accomplir certaines tâches, comme nettoyer le studio, moudre et mélanger les couleurs, peindre les parties moins importantes des peintures de commande. Les filles et les sœurs des artistes étaient parfois formées dans l'atelier familial. Pour les femmes, c'était la seule façon, très limitée, d'acquérir une formation en art.

Les académies privées ont fait leur apparition en Italie aux seizième et dix-septième siècles. En plus des techniques artistiques, on y enseignait la philosophie et la théorie de l'art. Dans les académies françaises du dix-septième siècle, on enseignait aux étudiants masculins l'architecture, la géométrie, la perspective, l'anatomie, l'astronomie et l'histoire. Même si, à l'époque, il y avait plusieurs restrictions à la liberté d'expression artistique, l'artiste occupait une place dans la société et pouvait gagner modestement sa vie. Les mécènes qui commandaient des portraits ou des tableaux religieux et historiques appartenaient à la royauté, à la noblesse, à l'Église ou aux classes bourgeoises.

Quoique le dessin ait été considéré comme un passe-temps acceptable pour les hommes des classes supérieures, ces derniers ne devaient pas s'abaisser à en faire une activité professionnelle. Certaines femmes des classes privilégiées étudiaient le dessin, mais il ne leur était pas possible non plus de se consacrer à une carrière en arts visuels.

Bien que certaines artistes exceptionnelles, comme Élisabeth Viger-Lebrun, aient eu du succès en Europe, on excluait en général les femmes des académies d'art, et l'histoire de l'art n'a pas tenu compte d'elles jusqu'au milieu du dix-huitième siècle. Lorsqu'on leur a finalement permis d'étudier l'art, on leur a défendu l'étude du corps humain, et elles devaient se contenter de modèles bovins. Les livres d'une histoire de l'art révisée, écrits par des femmes depuis trente ans, tentent de corriger cette situation regrettable et de rendre hommage aux femmes artistes du passé.

La première académie d'art en Amérique du Nord a vu le jour en 1794 à Philadelphie, puis des programmes d'art ont été inclus dans des universités comme Harvard, Princeton et Yale.

Durant les dix-huitième et dix-neuvième siècles, l'industrialisation et la modernisation ont transformé l'enseignement de l'art et la production artistique, le rôle de l'artiste dans la société et le mécénat. Les mécènes royaux, nobles et religieux ont pris moins d'importance et, de plus en plus, on a considéré l'art comme un bien. La demande dans l'industrie pour des artistes et des designers a démocratisé la formation artistique et l'a rendue plus accessible. Les agents et les galeries sont devenus des gérants d'artistes alors que les collectionneurs privés, les musées, les gouvernements et les entreprises sont devenus des mécènes.

Plusieurs voies sont ouvertes à l'adulte contemporain, homme ou femme, qui s'intéresse à l'art. Différentes formations, à temps plein ou partiel, sont offertes dans les écoles d'art privées, les universités ou par apprentissage en atelier. Les universités fournissent des programmes complets, un choix de professeurs et des cours incluant habituellement des options en histoire de l'art, en design graphique, en photographie, en sculpture et en gravure. Avant de choisir l'un ou l'autre cours, il faut absolument rencontrer d'abord les professeurs et discuter avec eux. Car, peu importe ce que prétend la documentation de l'établissement, c'est le professeur qui exerce la plus grande influence sur l'élève.

Une approche éclectique, toutefois, peut être très profitable et a plusieurs précédents historiques. L'apprentissage et les études libres offrent une alternative pour les personnes qui ne supportent pas l'enseignement en institution. Il faut cependant bien chercher pour trouver le professeur approprié et établir un programme personnel à prix raisonnable. On peut engager comme professeur tout artiste qui peut et veut communiquer ses connaissances artistiques. On peut conclure avec lui des arrangements comprenant des démonstrations techniques, des projets, des critiques et la possibilité d'un espace de travail dans son atelier.

Cette méthode risque cependant de rendre l'élève trop dépendant de son maître et de ne pas lui donner de points de vue diversifiés. Il faut considérer avec soin les pour et les contre de chaque démarche et évaluer de façon réaliste ses objectifs professionnels ainsi que le temps et l'argent dont on dispose. Le dessin est un sujet très vaste et les artistes n'ont pas la vie facile; il leur faut travailler beaucoup et la plupart ne gagnent que peu ou pas d'argent avec leurs œuvres.

Les artistes sont une bonne source de renseignements sur la formation, la carrière et le milieu artistiques. Les meilleurs d'entre eux ont écrit leur autobiographie ou ont fait l'objet d'une biographie. Familiarisez-vous avec les différentes réalités concernant une carrière artistique en interviewant des artistes et en vous documentant dans les bibliothèque et les librairie.

Un élève qui recherche un loisir sérieux pour enrichir sa vie professionnelle et personnelle peut suivre des cours de dessin destinés aux adultes et/ou se joindre à un groupe d'artistes.

Toutefois, la démarche la plus importante pour l'artiste amateur ou professionnel est d'avoir le courage de suivre son intuition et ses impulsions. Il lui faut aussi cultiver des qualités indispensables à toute personne qui s'intéresse à l'art : la passion, le discernement, la discipline et l'authenticité.

LECTURES RECOMMANDÉES

DIANA CONSTANCE
Dessiner le nu
Bibliothèque de l'image

BETTY EDWARDS
Dessiner grâce au cerveau droit
Pierre Mardaga éditeur

BETTY EDWARDS
Vision, dessin, créativité
Pierre Mardaga éditeur

E. MAIOTTI
Manuel pratique du dessin nu
Celiv-Ars Mondi

E. MAIOTTI
Manuel pratique du pastel
Celiv-Ars Mondi

PHIL METZGER
La perspective sans peine (vol. I et II)
Benedikt Taschen

ERNEST ROTTGER et DIETER KLANTE
Point et ligne
Dessain et Tolra

NORBERT SCHNEIDER
L'art du portrait
Benedikt Taschen

JANE STANTON
L'art du modèle vivant
L'Étincelle éditeur

BIBLIOGRAPHIE

JENÔ BARCSAY
Anatomy for the Artist
Athenaevum, Budapest (1958)

BERNARD CHAET
The Art of Drawing
Holt, Rinehart & Winston, New York (1970)

ARTHUR D. EFLAND
A History of Art Education
Teachers College Press, Columbia University, New York (1995)

ROBERT GOLDWATER et MARCO TREVES (dir.)
Artists on Art
Random House, New York (1945)

EDWARD HILL
The Language of Drawing
Prentice-Hall, New Jersey (1966)

WILLIAM MORRIS HUNT
On Painting and Drawing
Dover Publications, New York (1976)

MARION MILNER
On Not Being Able to Paint
Heinemann, London (1950)

GILLIAN PERRY
Paula Modersohn-Becker
Harper & Row, New York (1979)

KEITH ROBERTS
Camille Corot
Spring Books, London (1965)

JOHN SLOAN
Gist of Art
Dover Publications, New York (1939)

PUBLILIUS SYRUS
Maxims
Oxford Book of Quotations, Oxford (1979)